红色记忆® 24

山海关保卫战

海南省文化交流促进会　编

南海出版公司

2013·海口

图书在版编目（CIP）数据

红色记忆 · 第 1 辑 · 24 / 海南省文化交流促进会编 .
— 海口：南海出版公司，2013.7（2025.1 重印）
ISBN 978-7-5442-6661-1

Ⅰ . ①红… Ⅱ . ①海… Ⅲ . ①革命传统教育 – 中国 –
青年读物②革命传统教育 – 中国 – 少年读物 Ⅳ . ① D642-49

中国版本图书馆 CIP 数据核字（2013）第 163803 号

HONGSE JIYI · DI 1 JI · 24

红色记忆 · 第 1 辑 · 24

作　　者 海南省文化交流促进会
总 策 划 刘　栋
顾　　问 贾延岩
执行总编 任在齐　张　桐　张爱国
责任编辑 聂　敏
封面设计 郑广明
排版印务 姚少龙
发行总监 杨成春
出版发行 南海出版公司　电话：（0898）66568508　66568511
社　　址 海南省海口市海秀中路 51 号星华大厦五楼　邮编：570206
电子信箱 nhpublishing@163.com
经　　销 新华书店
印　　刷 天津睿意佳彩印刷有限公司
开　　本 787 毫米 ×1092 毫米　1/16
印　　张 6.5
字　　数 100 千字
版　　次 2013 年 7 月第 1 版　2025 年 1 月第 2 次印刷
书　　号 ISBN 978-7-5442-6661-1
定　　价 39.80 元

序

对历史无知的人，没有真正的信仰可言；没有信仰的人，不可能拥有美好的理想，不可能胸怀崇高的情感，也就不可能担负起任何责任。用欲望文化代替历史教育，足以使一个国家的青年被腐蚀、使一个民族的希望被毁掉，使这个国家和民族被永世万代地奴役！

鉴于此，我们呼唤历史，唤回那段属于二十世纪的“红色”历史，唤回那段炮火硝烟、颠沛流离的历史，唤回那冲天的狼烟留下的悲壮回忆、岁月年轮沉淀的斑驳痕迹。历史不应该被忽略，更不应该被遗忘，牢记那段革命战争年代的红色历史更是责任。为了那些不应该被忘却的记忆，为了那些不应该被丢弃的信念，于是就有了这套《红色记忆》丛书。

曾记否，当草鞋与意志丈量出来的两万五千里穿越一个伟大民族五千年的荣辱兴衰，革命的火种被一路播撒、一路点燃。人迹罕至的雪山、荒无人烟的草地被鲜血浸透，衬映出一段光辉的里程；万水千山早已被远远地抛在身后，一轮红日在黄土高原磅礴而起。满目疮痍的河山在1936年10月温暖如春……

曾记否，当生命和鲜血浸染的十几年光阴将一种记忆铭刻进一个伟大民族的历史画卷，革命的火焰从星火到燎原。这栏杆拍遍、易水悲歌般的呼号，这折戟沉沙、慷慨赴义的悲壮，这铁马冰河、枕戈待旦的苦战，这红旗漫卷、所向披靡的豪迈……腔腔热血、铮铮铁骨早已被熔铸成一座不朽的丰碑，中华民族从苦难中百死后生的壮丽诗史凝结成了五星闪耀的红色记忆。

曾记否，中华人民共和国成立以来，又有无数英烈接过前辈用鲜血染红的旗帜，或壮怀激烈戍边卫国，或忠于职守鞠躬尽瘁，或绝甘分少奉献大爱，甘做国家强盛、人民富裕的铺路石，成为和平年代民族复兴的荣光，把人民心中的红色记忆浸染得分外鲜艳，永不褪色。

这红色记忆，是信念不衰、志向不改的崇高气节；这红色记忆，是无私无我、生属苍生的博大胸怀；这红色记忆，是敢为人先、披荆斩棘的拓荒精神；这红色记忆，是中华民族最宝贵的精神财富。它告诫我们，人事有代谢，传承无绝期。缅怀先烈精神，继承先烈遗志，是社会的道德和民族的良心，是后来者须臾不可忘怀的本分。

老一代人把历史的真实交付给我们，我们有责任用真实还原历史，传承给下一代，把那段岁月与现在年轻人的生活连接到一起，使他们眼中的历史变得立体、真实、可靠，让历史成为他们前进的动力。本丛书将那些流动的、随时会飘散在时间天际的事件凝固下来，希望透过这些文字、图片，感受到英雄们那坚定的革命信念，感受到那个年代澎湃的革命激情，真切体会那段“红色历史”。

忘记历史，就意味着背叛。让我们重温历史，缅怀先烈，从中汲取力量，毅然前行。

刘栋

目录 CONTENT

我伴宋时轮将军三度历险

口述/于百川　整理/孙洪升　来延明

宋时轮将军

宋时轮（1907—1991年），湖南醴陵人。1907年9月10日出生于醴陵枫林市乡井湾村彭泥冲，1925年入黄埔军校学习。1926年加入中国共产主义青年团，1927年转入中国共产党。1929年参加中国工农红军。土地革命战争时期，任湖南萍醴游击队队长，湘东南第二纵队政治委员，红军学校第四分校校长，红三十五军参谋长，独立第三师师长，红二十一军参谋长兼六十一师师长，红军大学第二大队大队长，红十五军团作战科科长，红三十军、红二十八军军长。参加了长征。抗日战争时期，任八路军一二〇师七一六团团长，雁北支队支队长兼政治委员，八路军第四纵队司令员。解放战争时期，任山东野战军参谋长，渤海军区副司令员兼第七师师长，驻北平“军事调处执行部”中共代表团执行处处长，华东野战军第十纵队司令员，第三野战军九兵团司令员。中华人民共和国成立后，任中国人民志愿军副司令员，中国人民解放军总高级步兵学校校长兼政治委员，军事科学院第一副院长兼计划指导部、外军研究部部长，军事科学院院长。1955 年被授予上将军衔。

1947 年 1 月，十九岁的我参军成为华东野战军第十纵队二十九师八十六团一营机枪连的一名通信员。同年 12 月被调往十纵司令部警卫排，做宋时轮司令的勤务员。宋司令一生戎马倥偬，南征北战，留名青史。我同宋司令朝夕相处达八年之久，先后跟随宋司令参加淮海战役、渡江战役、淞沪战役和抗美援朝。其间，三次生命之险让我记忆深刻，现将鲜为人知之事加以回忆写出来，以此寄托我对老首长的怀念。

一个警卫班俘虏国民党一个营

1948 年 10 月 24 日，济南战役结束后一个月，华野十纵接到华野司令部关于进行淮海战役的命令，十纵奉命沿肥城尚庄、白马庙、安丘、东符村、颜家楼、王开、韩庄一线向预定地区开进。

11 月 6 日，十纵二十九师占领韩庄夺取运河铁桥，揭开了十纵淮海战役的序幕。11 月 4 日夜间，宋司令布置完作战任务，乘车返回纵队司令部机关宿营地——王开村，途中在一村口突遇国民党军队阻截。

当时，与宋司令同车的警卫班战士共十五人。敌人一排枪弹，把我们的车灯、前窗玻璃都打碎了。警卫班长郑玉生（山东省博兴县人）迅速带领警卫员下车掩护司令和许胜秘书。我和郁荣同志（山东省商河县人）连忙架起司令隐蔽到庄稼地的一个坟盘里，许胜秘书持枪跟随。

十余个敌人持枪高喊：“站住，不然我们就用机枪扫射啦……”此时，我们彼此相距百米。赵副班长和李玉琢高声回应：“你们是哪个部队的？弄不清就开枪，伤了自己人咋办？”两人边说边向敌方走去。他俩走后，长时间没动静。郑玉生等人又高喊：“你们是哪个部队的？快把人放回来！要不然，我们也开枪啦！全体集合，一连向东，二连向西，三连……”对方仍没回声。

敌我交战，前沿阵地或宿营地犬牙交错很正常。郑玉生喊，目的是“打诈语”，让敌人辨不清我方虚实，或让敌方误认为是同一部队，以免遭受人员伤亡。我们等了一阵子，赵副班长和李玉琢仍未回来，大伙觉得事情不妙，于是叫司机将车后退几百米，其余警卫人员护着司令和秘书从庄稼地里慢慢往回返。正当此时，远处传来赵副班长的声音：“小于，我回来了！不要开枪！”

等他走近，我们看到他身后还跟着两个国民党军官。其中一名军官问道：“我们是冯治安部的警戒部队。我是营长，请找贵军的长官谈个事，我们想投诚贵军。谁是长官？”郑玉生搭话：“你找哪一级长官？尽管说。”“贵军团长现在在吗？”“在，也有‘旅长’！”“就找旅长吧！”郑玉生对这位国民党营长说：“我们‘旅长’在后边，请你等一下。”郑玉生跑到隐蔽之处向首长作了汇报。宋司令说：“许秘书你把他带过来，我跟他谈谈。”

一番长谈，那位国民党营长同意即刻反正，加入人民解放军队伍。宋司令就让赵副班长和李玉琢等人带起义战士到我纵队敌工部，接管并改编起义人员。

第二日中午，赵副班长和李玉琢回

到王开村纵司宿营地，向宋司令道出了昨夜发生的事：

那确是住在贾旺第三“绥靖”区冯治安部的警戒部队。昨夜，赵、李二人被他们带进营部，见两人穿得不像国民党战士，又不像解放军战士（帽徽和肩牌啥也没有，军帽是日本士兵戴的样式），便问：“哪团哪营哪连？长官名啥姓啥？”赵、李回答：“无团无营无连没长官，就是搞通讯的。”于是那名营长叫士兵把两人吊在木梁上问，两人还是一样的回答。其实，这位营长早有反正之意，但是顾虑重重，就试探着问：“你们应该不是一般的队伍。假如我们归顺你们，你们能保证不杀我们吗？能赦免我们的罪行吗？真不想再打了，打也打不赢。投诚才是出路。”

“战斗中被俘，还能享受优待，何况你们是战场起义呢！有关投诚的联络事宜包在俺俩身上，只要你们真心归顺，我们队伍非常欢迎。如果你们要花招，我们一个旅的兵包围着你们。反正，前途光明；顽抗，死路一条！”

宋司令的警卫班俘虏了国民党队伍一个营！这消息在华野各纵队被传为美谈。宋司令时常同其他纵队首长开玩笑说：“我的警卫排个个是小老虎，机智沉着，有勇有谋，别人给我一个营也换不走。要不是他们机智勇敢，我这条老命那次真丢了！”

首长听我指挥

1948年11月23日（淮海战役第二阶段即将开始的前一天），宋时轮司令奉命到华野司令部参加作战会议。因接到的通知非常紧急，宋司令的车共载宋时轮司令、刘培善政委和我们十几名警卫员。

下午4时许，国民党军队的两架B-29飞机发现了我们乘坐的汽车，俯冲下来向我们扫射。“嗒嗒嗒……”子弹在汽车周围激起团团尘土。当时，国民党军队的飞机不断深入我军后方根据地骚扰、轰炸，气势汹汹，张狂之极。宋司令命令司机：“尽量把车开快些，最好开到有树林的地方。开稳！”汽车在不宽的土路上颠簸，两架敌机像飞蝗一样紧追不舍。“嗒嗒嗒……”又是一阵阵扫射，把我们逼下车来。我和司机拉着宋司令、刘政委往一旁的小树林钻，敌机紧随扫射。为分散敌人注意力，其他警卫员不时向敌机射击。我左手拉着宋司令，右手拖着刘政委，边跑边说：“你们听我指挥。我喊‘趴’，就趴下；我喊‘跑’，咱就跑，谁也不能落下！”

“趴下！”两位首长就地趴下。“跑！”两位首长立刻起身跟我跑。我们跑到一片小树林的边沿，刘政委刚卧进一个树坑内，我和宋司令尚未跑进树坑内，只是卧倒在地；敌人两架飞机正低空搜寻我们。不好！一架飞机正朝我们卧倒的位置俯冲。“宋司令，快爬起来，这里危险！”宋司令个矮体胖，爬得慢，我一骨碌爬起来，一下子把宋司令拽进刘政委旁边的另一个树坑内。敌机向宋司令原在位置扫了一梭子。“嗒嗒嗒……”子弹射在地面，尘土飞扬。

“好险！幸亏你把我拖到这里。要不……”宋司令笑着朝我直咋舌。敌机最终没能搜寻到我们，怕被我方高射炮射下来，急忙飞走了。后来，我们乘车到达华野司令部时已是掌灯时分。粟裕政委关切地问：“路上没伤着吧？”宋司令笑着回答：“是小于救了我，关键时刻司令和政委是兵，勤务兵成了首长！我

1938 年，宋时轮、邓华支队的骑兵部队向冀东挺进

抗美援朝期间，第九兵团司令员宋时轮使用的望远镜和卡宾枪

1934年1月21日，中华苏维埃共和国第二次全国苏维埃代表大会代表在瑞金合影。后排为红军大学师生，宋时轮位于后排中间附近

们一切都得听小于指挥。这才是‘官教兵，兵教官’，彼此彼此嘛！”在场的其他纵队首长听罢都哈哈大笑起来。

松树救了我们性命

第三次历险是抗美援朝时期。1950年10月中旬，宋时轮将军作为中国人民志愿军第九兵团司令随军跨过鸭绿江，来到抗美援朝前线。我身为宋司令的勤务员也来到了朝鲜。

朝鲜的冬天特别冷，最低气温达零下四十摄氏度。朝鲜多山，山路崎岖，路上积雪很多，结冰后山路非常滑，稍不留神会连车带人滑入山涧。军车一律在轮胎上安装防滑链，尽管这样，军车还是有滑入山涧的危险。

1951年12月的一个下午，宋司令接到通知，晚上朝鲜人民军和中国人民志愿军要在沈房洞联合召开师以上高级干部会议。吃罢晚饭，宋司令、行政秘书朱星、司机肖环荣和我乘着夜色就出发了。因为白天敌机经常出来轰炸，我们的汽车只有夜间行驶，并且车灯都安装灯罩。车在路上行驶时，灯照面积很小。肖环荣是老司机，开车技术很好。但中型吉普车沿盘山路拐弯时，路滑且窄，车子一下滑往路边山涧，亏得山涧边沿有棵大松树，把车身拦住。但宋司令的一条腿却被车身和树干挤住，顿时疼得大汗淋漓。我们三人想把车抬起来，以便宋司令把腿抽出来，无奈人手少，力气弱，加上山涧边沿雪多又滑，没有立足之地，所以一直没能成功。

此时，过来一辆中型吉普，朱星秘书把车拦下。中国人民志愿军副司令员陈赓将军从车上走下来。陈司令来到我们的车前仔细地看了看，说：“老宋，你还得咬紧牙坚持住，后面有辆运输车，待会儿我截住车请他们过来帮忙。”不一

抗美援朝期间，宋时轮（前排左一）与机关部分同志合影

会儿，运输车赶上来了。负责运输的两位志愿军战士用铁链把两辆车连好，由陈司令负责指挥拖车，其他人帮着推车和用石块垫运输车轮胎，防止车因路滑而后退。我专门负责抽出宋司令被挤着的腿。“预备，一、二、三，拖！”运输车把横在松树上的吉普车拖出一点缝隙，我连忙把宋司令的腿抬进吉普车内，宋司令疼得“嗷”地喊了一声。其后，“叭”的一声，拖车的铁链断了，吉普车又重新退回树上，撞得树身直摇晃。

我们把宋司令抬到陈赓司令的车上，大伙儿费了好大的劲才把宋司令的吉普车拖到路上。回想当时的情景，仿佛就在昨天，要不是山涧边沿那棵松树，我们的生命将不堪设想。但我真被宋司令那种临危不惧的气魄所折服。

（本文选自《株洲日报》）

冀中名将——吕正操

文/沈佳音

吕正操将军

吕正操，字必之，辽宁海城人，1922年参加东北军，1937年5月加入中国共产党，1955年被授予上将军衔。

吕正操与夫人刘沙

少年参军

吕正操出生在辽宁海城县唐王山后村的一个贫困家庭。

南满铁路沿村而过。猩红的太阳旗、凶恶的日本巡警和吐着长舌的狼狗，是吕正操少年时代挥之不去的阴影。

日本人不断扩张地盘，占地毁田。村里人不时遭到毒打。吕正操的祖父和大伯，都被日本人砍伤过。他还亲眼见到乡亲被日本人刺死后扔进河里。

这些血淋淋的事实让少年吕正操立志要抗日报仇。1922 年，吕正操踏出了实现梦想的第一步——参加了东北军，在张学良的卫队旅一团三营九连当兵，后得到张学良的赏识，经其推荐考进了东北讲武堂第五期学习。

吕正操经常随张学良参加奉天青年会组织的各种社会问题研究会等活动，还坚持学英语、打网球，并接触到一些进步青年和许多宣传革命的进步书籍，开始受到中国共产党的影响。

冀中吕司令

1936 年 12 月 12 日，张学良、杨虎城发动了震惊世界的西安事变。当时，吕正操担任张公馆的内勤工作，他的任务是保卫张公馆以及随时掌握情报。

周恩来一行到达西安，住在张公馆。吕正操就住在中共代表的楼下，他和中共代表罗瑞卿等常有联系，对中国共产党也有了更深入的了解。

西安事变后，张学良被蒋介石扣押。1937 年 3 月，蒋介石强令东北军改编。当年 5 月，在一个行军帐篷里，吕正操秘密完成了入党仪式。

1937 年 10 月 10 日下午，吕正操率部进抵束鹿县半壁店时遭遇日军，击毙日军少尉队长以下十名，并乘着夜色进驻梅花镇四德村。深夜，日军进攻梅花镇，部分中国军队被包围。

在危急关头，五十三军军长万福麟、师长周福成、旅长丛兆麟分别发电报让吕正操放弃被包围的部队后撤。

吕正操大怒，撕碎电报，带队直冲敌阵，接应部队突出重围。事后，吕正操对部下说："作为爱国军人，我们每一个人都负有保卫国土、收复失地的责任。我们面前只有一条路——像红军那样，到敌后打游击去！"

14日，吕正操率部起义，改称"人民自卫军"，从此在中国共产党的领导下抗日。冀中平原上树起了第一面共产党抗日武装力量的大旗。不久，"人民自卫军"便被纳入晋察冀军区。吕正操担任冀中军区司令员、第三纵队司令员、冀中公署主任。

吕正操率部驰骋冀中平原，铸造了平原抗战中的传奇历史。在这里，冀中军民创造性地发明了地雷战、地道战、破袭战等战术，开展敌后抗日斗争。吕正操带领军民，依靠这些办法与敌人斗智斗勇，最终使冈村宁次的"铁壁合围"破产。

冀中吕司令成了威震敌胆的名字。这也成了吕正操一生中最为骄傲的一笔——"我最得意的是打日本"。

（本文选自《京华时报》）

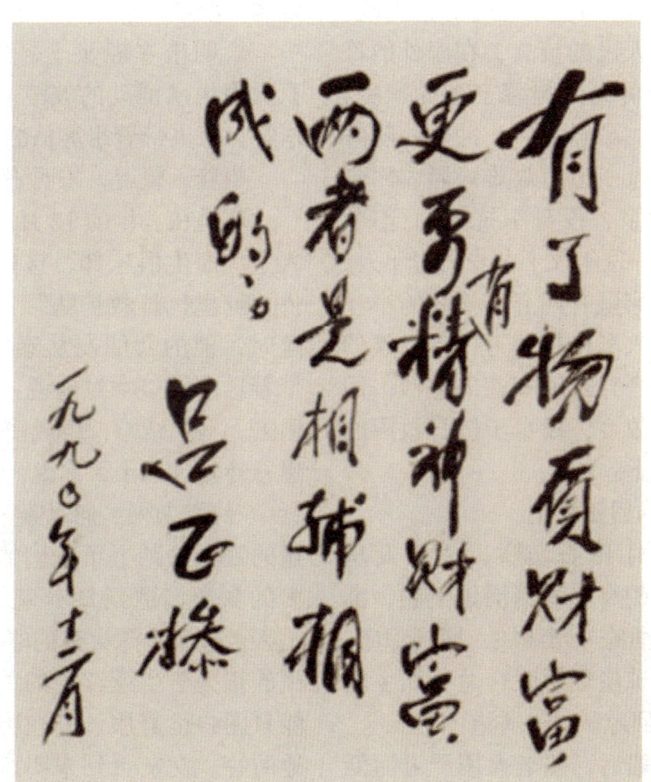

吕正操的书法

甘洒热血谱春秋

——记朱明烈士

文 / 赖永生

朱明（1920—1940 年），海南文昌人。1935 年从泰国回到上海入复旦大学附中读书。1937 年离沪到港加入琼崖抗日救护队（琼崖华侨回乡服务团前身）。1939 年随服务团回到琼崖，参加抗战。1940 年在海上遇难牺牲。

1939 年 2 月，日本侵略者举兵占领琼崖，不甘屈辱的琼崖人民奋起抗战。为了支援家乡人民的抗战，在海外的许许多多琼籍华侨离开温馨宁谧的家庭，脱下西装革履，漂洋过海，冲过一阵阵惊涛骇浪，闯过一道道艰难险阻，回到战火纷飞的故乡，投身于抗战的行列。这里要说的是一位年仅十九岁的青年人，他在泰国曼谷家里有四五层楼高的小洋楼，出入有小汽车，然而为拯救民族的危亡，他毅然舍弃舒适安逸的生活，回到战火纷飞的故乡，投身于抗日救国的洪流之中，他就是朱明。

回归故土

1939 年 4 月 15 日黄昏，一行人从硇洲公庙后面的海岸静悄悄地上船，准备越过波涛汹涌的琼州海峡，回到琼崖。这一行人就是琼崖华侨联合总会回乡服务团的第一批回琼队员（香港团）。

队员们上船后，船老大用严肃而低沉的声音说："各位同志们，等天一黑我们就开船。大家都知道，现在日本鬼子在海上封锁得很严，海上的遭遇很难说，如果遇到鬼子的巡逻艇，希望大家沉得住气，一切听指挥。"

天渐渐地黑下来。当最后一群海鸥在海面慌乱的啁啾被昏黑的夜色吞没，海上涌起了大浪，刮起了大风。

船老大马上扬起船帆，风好大，浪好大，帆鼓得满满的，船向前疾驰。

朱明坐在船头上，静静地望着海。只见海风从涌动的波浪上刮起一层一层水雾，又夹带着水雾从船尾疾掠向船头。

望着，望着，朱明陷入了沉思……

那是在去年的 12 月，朱明在香港加入了"海生俱乐部"宣传组织的琼籍华侨"琼崖抗日救护队"，返琼参加抗战。这时，他的女朋友从泰国到香港找他，带着恳求的口吻对他说："明，我们回泰国去，马上结婚，组成一个幸福的家庭，恩恩爱爱过日子，你说，好不好？""不行。'匈奴未灭，何以家为？'凶恶的日寇的铁蹄已踏上了我们的故土，许许多多的乡亲们遭到日本鬼子的肆意蹂躏、杀害，过着水深火热的非人生活。国家、民族正处于生死存亡的关头，我们又岂能只图自己舒服、安逸呢？"朱明坚决地回答。女友看到朱明态度坚定，忍不住哭着说："家乡那边战事吃紧，情况极

为危险，你此去前途茫茫，要是有不幸发生，难道你不为你爸爸妈妈，还有我着想吗？”“‘金瓯已缺总须补，为国牺牲敢惜身！’为了祖国的独立、自由，我要回去战斗，即使是牺牲了，也在所不惜！我相信爸爸妈妈是能够原谅我这个不能在他们身边尽孝的儿子的。”

女友眼看用软的方法不行，就口气极硬地说：“如果你一定回去的话，我就与你分手。”朱明毫无思虑地说：“你我志向不同，况且我此去前途未卜，为了不拖累你，我们就分手好了。”

女友看到朱明毫无改变初衷之意，最后只好哭着回泰国去了。

“突——突——突——”巡逻艇的声音倏然间划破夜空，从东南方向传来，一下子打断了朱明的回忆。“有情况，大家注意了！”船老大轻声对大家说，并迅速放下船帆。大家紧张地注视着前方有声音传来的方向。

静静的海面上，“突——突——突——”的声音非常地刺耳。夜很深很深，海面迷茫茫的。

渐渐地，“突——突——突——”的声音消失了，可能是天黑雾大的缘故，敌人没有发现他们的船，朝着另外的方向驶去了。

“好险啊！”朱明和大家这时才松了一口气。船老大又扬起风帆，继续前行。

夜愈深，浪愈大。船一会儿被高高托起举至浪峰，像要脱水面而出冲空飞起；一会儿又被埋进深深的浪谷，像要直潜海底。船在波峰浪谷间穿行。

坐在船头的朱明，仰头凝望着夜空，只见一颗颗星如一颗颗凝冻的血珠，被海风吹得摇摇欲坠，散发着咸腥腻味。

朱明的思绪又飘得很远很远，他想起了远在泰国曼谷的父母。母亲身体向来不好，常常卧病在床。父亲是一名建筑承包商，也是一位爱国者。他常常对朱明说：“我们是中国人，祖先在海南岛，侨居外国是生活所迫，目前我的职业、地位都过得去，但身居异国，寄人篱下，总觉得不是滋味。希望中国能够强大起来，这样我们海外的华侨就有了依托，腰板也会硬起来。所以你们年轻人要胸怀大志，为祖国争光。”父亲炽热的爱国心，对他产生了极大的影响。

当父亲得知他要回到家乡去参加抗战后，给他写信，赞成他的选择：“家乡的人民在遭难、受苦，作为一个有血气的年轻人，应该回去。”

在父亲的鼓励和支持下，朱明更加坚定了自己的信念……

“到了，到了，海南岛到了！”好几位队员惊喜地叫了起来。

朱明一下子回过神来，望着前方不远处还模糊不清的海岸线。“我们终于回来了！”

这时，东方渐渐地泛起了鱼肚白，黑茫茫的大海顿时闪耀着起伏的鱼鳞片。

经过整整一夜同海上风浪的搏斗，朱明和战友们终于踏上了故乡的土地——海南岛。

宣传抗战

朱明多才多艺，能写词谱曲、会演讲、会演戏，还会弹奏各种乐器。《服务团团歌》“我们是保乡的战士，我们是卫国的前锋，琼崖已到危险关头，快起来！同胞们，我们要回乡服务……”就是他亲自写词、谱曲并教唱的。这歌声慷慨激昂，唱起来令人热血沸腾，当年服务团的青年们就是唱着这支歌回琼崖的。

服务团回到琼崖之初，主要是进行抗日宣传活动。

当时，日军逞一时之凶蛮，凭借武力很快占领了全岛各重镇和交通线，到处杀人放火。不少群众纷纷扶老携幼向雷州半岛、南洋逃亡。

为了振作人民群众的抗战士气，服务团团员深入各个墟镇、村庄，宣传抗日，发动群众。朱明充分发挥自己多才多艺的特长，向人民群众发表抗日必胜的演讲，教唱抗日救亡歌曲，演出抗日戏剧。

有一次，朱明带着服务团团员到公坡乡的一个村庄作抗日救亡宣传。乡亲们颇为不解地问他们："日本鬼子到处杀人放火，我们这些乡亲跑都来不及，你们还从南洋回来干什么？"有的还说："我们好多人都没有田耕、没有房子住了，不走不是等死么？我们已经没有活路，只有到处逃亡了。"

面对着众乡亲们一张张困惑、彷徨的脸，朱明愤然地站起来对乡亲们说："万恶的日本鬼子杀了我亲人，毁了我房屋，使得我们许许多多的乡亲们有家不能回，有田不能种。难道我们就甘愿永远受这种屈辱？"朱明环视一眼乡亲们，又继续说："不，我们要起来抗击日寇，有钱的出钱，有力的出力。现在中国共产党领导的抗日独立队，到处打得日本鬼子'哇哇'大叫，鬼子逞凶的时间是不会长久的。所以，乡亲们，我们要团结一致，齐心协力，在后方积极耕种，用粮食支援前线部队；年轻人要参军参战，壮大抗日队伍。"

他喘了一口气，接着又说："中国共产党的领袖毛泽东同志说，抗日战争是持久战，胜利是我们的。鬼子只是一时强大，后力不足，而我们人多地广物博，只要我们坚持团结抗战，就一定能够赶走日本帝国主义；我们国家就会独立、自由，乡亲们就会有田耕、有房住，就会安居乐业。"

在朱明和团员们的宣传教育下，背井离乡往外逃难的人减少了，乡亲们明白了抗日救国的道理，很快掀起了一个个捐款献物、参军参战的抗日高潮。

在斗争中成熟

朱明在服务团中年龄并不大，但斗争实践却使他很快成熟起来。

1939 年 5 月，由于服务团（香港团）副团长符思之受总团派遣回香港向总会汇报情况并领取经费、物资，服务团的领导担子便落在年仅十九岁的朱明肩上。他的好友担心他做不好，便问他："朱明，团内工作由你主持，行吗？""为了抗日斗争，实现祖国、民族的独立、自由，什么样的重担子我们都要敢于承担。虽然有困难，但只要自己以身作则，身先士卒，团结全团，齐心协力共同工作，我相信困难是可以克服的。"朱明很自信地说。

朱明不仅敢于挑重担，而且吃得苦中苦，干起工作来从不向困难低头。有一次，他为执行任务，从文昌重兴乡团部驻地回到文昌东北部。路过一个村子时，他去看望一位亲戚。那位亲戚发现他面黄肌瘦，从前一双乌黑发亮的大眼睛，此时却凹陷无光。一问才知道，原来朱明染上了疟疾，连日发高烧，连饭都吃不下。看到他这个样子，那位亲戚劝他："你身体极差，要好好地休息。来，先服下奎宁丸，等身体稍好后再走吧。"

琼崖旬报
周年纪念号
（即第三十六期）

《琼崖旬报》

“不行，任务等着我，迟了会误事的。”朱明斩钉截铁地说。说完便一摇一晃地走了。

那位亲戚望着他的背影，心情久久不能平静。要知道他是生长在大城市，家里有洋楼房、有小汽车的富商子弟啊！然而却看不到他身上有半点公子少爷的娇气，为了革命事业，他能吃得苦中苦，实在令人钦佩。

忠孝难全

1939 年秋的一天，朱明正在和团员们汗流浃背地排练宣传抗日的新剧目。突然，一位团员叫他：“朱明，泰国来信。”朱明看完来信后，心情很沉重。大家都关切地问：“怎么了，朱明，是不是家里出事了？”“我妈妈病重，要我回去看上一眼。”“那你就请假回去嘛，来回只不过十多天。”大家劝他。“不行啊！服务团工作很紧张，我怎么能离开？”朱明坚决地说。于是，他便给家里写信，信中说：“国家兴亡，匹夫有责。现在祖国正在遭受日本侵略者的蹂躏，我要为赶走日本鬼子抗战到底。忠孝不能两全，请求妈妈宽恕我这个不孝的儿子。等到打败日本鬼子后，我一定回家探望父母亲。”

不久，他父亲来信告知他，母亲病故了。他得知消息后，心如刀割，极为悲痛。他强忍住悲伤的泪水，更加积极地投入抗击日军的斗争中去，“为千千万万个爹妈尽孝”！

光荣献身

1940年3月的一天晚上，天蒙蒙、海茫茫的。一阵阵带着腥咸味的海风掠过海面呼呼地吹着，不时掀起一层层的浪花。黑暗中一艘帆船正向着海南岛的方向驶进，朱明正坐在船上。

原来，这年抗日斗争越来越激烈，岛上的国民党又掀起了“反共”高潮。服务团的工作由于受到国民党的干扰，开展得十分艰难，经费也日渐紧张。于是总团决定派朱明回香港向总会报告情况，并领取经费、物资。朱明欣然地接受了这个艰巨的任务，他来到香港向总会汇报完情况后，又马不停蹄地同其他八位同志一起护送满载医药卫生器材、被服等物资的船回琼崖。

船正在黑暗中行驶。忽然，“突——突——突——”巡逻艇的声音由远及近传过来，巡逻艇上的探照灯狂乱地四处扫射着海面。

敌巡逻艇渐渐迫近，发现了我们的小帆船。“站住，站住，你们是干什么的？”日军狂叫着。

小帆船不予理睬，继续向前行驶。

“开火！”“轰——轰——”迫击炮炮弹落在小帆船两旁，震得小帆船左右摇晃得很厉害。

巡逻艇越来越接近小帆船，“轰”一声爆响，击中了小帆船，火光映红了海面，小帆船渐渐地沉下海底……

朱明等九位同志和几名船工，全体壮烈为国殉难。

朱明牺牲时，年仅二十岁。他用短暂而闪光的青春谱写了一曲爱国乐章。

为悼念朱明，一位服务团团员写下了这样的诗句：

千里奔波赴国难，
宏志未酬葬海洋；
战友沉痛守盟约，
坚贞报国慰朱郎。

（本文选自海南省史志网）

正义之笔让敌特恨之入骨

文/陈维灯　郑美玲

盛超群烈士

盛超群，1919年出生于云阳县桑坪乡。1946年初，盛超群担任中共云阳县委书记，并受聘在万县《春秋新闻》做总主笔。他以办报作阵地，鞭挞贪官污吏和统治阶级，揭露他们的种种罪行。

1946年初，在万县发行的《春秋新闻》上，陡然出现了这样一段文字——“《国民党党员守则——贪污守则》：忠勇为爱国之本——贪污为立业之本；孝顺为齐家之本——害人为处世之本；信义为立业之本——抓人为升官之本……”

整个万县城轰动了，普通百姓拍手称快，国民党却怒火中烧。万县警察局局长艾兴权更是叫嚣：“盛超群手中的笔敢舞文弄墨，老子腰中的枪就要放他的血！”

共产党分子盛超群要造反翻天了

国民党的咆哮、谩骂，早已在盛超

群预料之中，但由于《春秋新闻》有特殊的政治背景，作为总主笔的盛超群，具有撰稿和编排的合法权利，加上他又善于利用敌人内部的矛盾作掩护，尽管艾兴权之流对他恨得咬牙切齿，却又奈何他不得。

1947年秋，盛超群在《春秋新闻》上，指名道姓揭露贪官污吏的种种丑闻。在报纸的“照妖镜”专栏里，他先后刊登了《万县县长曾仲成，不爱江山爱美人》《警察局局长艾兴权的形形色色》《腐公传》等文章，将这些人间蛆虫的恶行、生活糜烂的丑事，都置于“照妖镜”之下。

1947年11月10日，盛超群更是在《春秋新闻》上刊载《万县三首长动荡之谜》一文，揭露万县专员曾德威、万县县长王良瞿、警察局局长艾兴权三人利用职权，狼狈为奸，鱼肉百姓的罪行。

报纸一出刊，万县城再次轰动。街头巷尾，人们纷纷购买报纸；茶楼酒肆，大众争说《春秋新闻》。

盛超群手中的笔枪深深刺痛了国民党，曾德威立即急电重庆行辕，要求逮捕盛超群。县长王良瞿找报社社长段启高追究责任。警察局局长艾兴权认为“共产党分子盛超群要造反翻天了”。万县当局勒令《春秋新闻》停刊，对盛超群严密监视。

记者笔上一点墨，老子枪上一点血

眼见报纸马上被停刊，盛超群依然决定打好最后一仗，11月21日，《春秋新闻》出刊当天，整张报纸上无一文字，仅有一个醒目的标题：“记者笔上一点墨，老子枪上一点血！”

开天窗的《春秋新闻》，让整个万县城一片惊愕。这份特殊的报纸又是如何出炉的呢？

原来，在编排最后一期《春秋新闻》时，盛超群将千种憎恨凝聚笔端，对《万县三首长动荡之谜》登出十天以来，专员、县长和警察局局长等反动头子的所作所为，进行了淋漓尽致的描绘，并引用警察局局长艾兴权的叫嚣作为标题：“记者笔上一点墨，老子枪上一点血”。

艾兴权听到风声，半夜赶到印刷厂，从大版上强行撤下这篇报道。等艾兴权走后，盛超群又同排字工人商量，重新将这篇报道排上。但报社社长段启高坚持不同意将这篇报道刊载，盛超群坚持不换，双方僵持不下，最后采取折中的办法，即保留新闻标题，撤掉全部文字。于是，第二天出刊的最后一期《春秋新闻》，便只有一个醒目的标题，无一文字，开了个大大的天窗。

经过多方设法，盛超群从万县到了重庆，但他并没有放弃与万县反动当局的斗争。通过新闻界的帮助，11月底他在重庆汉宫茶园举行记者招待会，控诉万县专员曾德威、警察局局长艾兴权等在万县胡作非为，以及自己因揭露他们的罪恶而遭受的迫害。

第二天，重庆《大公报》《民主报》《民间报》等报纸，便登出《万县曾专员、艾警察局局长迫害新闻记者》的新闻。

你们整得我死去活来，我也叫你们群魔乱舞

1948年2月，回到万县的盛超群被国民党以“共产党要犯”的罪名逮捕。

盛超群被捕后，受尽酷刑，并于5月中旬被押解到重庆行辕。特务头子徐远举亲自严刑拷问，要他交代云阳共产党的组织，以及怎样组织武装暴动等。特务在老虎凳上撬断了盛超群的腿，这

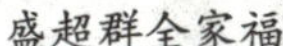

盛超群全家福

使他心中更加仇恨这些杀人魔鬼。盛超群心想：这样残酷的刑罚，终究会把我弄死，但要死得其所。你们整得我死去活来，我也叫你们群魔乱舞！

为了戏弄这群“魔鬼”，盛超群便来个将计就计，以假乱真，编出一套假口供，承认自己是云阳中共地下组织负责人，准备不久要搞很大的武装暴动，成立“边区政府”，同时还供出了“地下党组织”“暴动计划”及“活动情况”等。

但是特务们步步紧逼，要盛超群立即提交一份“中共地下组织中参加暴动者名单”。一不做二不休，盛超群干脆把云阳县国民党中的头面人物，都一一写上：云阳县警察局局长周璞、督察长高倚明、北乡联防办事处主任唐绍尧等十二人。在特务的威逼下，盛超群又“交代”了这十二个人在暴动中的“分工情况”。

徐远举一见盛超群提供的名单，欣喜若狂，认为破获了川东共产党组织及其暴动计划，是自己进一步向上司邀功请赏的好机会。

他立即会同万县专署率领两个保安中队，到云阳将周璞、高倚明、唐绍尧等十二人逮捕，押回万县专署审讯。追问很久，却无结果，直到将这些人全部押到渣滓洞来与盛超群对峙，徐远举才恍然大悟：自己被人牵着鼻子当猴耍了，上了盛超群的大当。

1949 年 11 月 14 日，徐远举就亲自点名，将盛超群作为“共产党要犯”杀害。盛超群时年三十岁。

（本文选自《重庆日报》）

王根英——陈赓背后的巾帼英雄

文 / 何立波

王根英

从纱厂女童工到“工运”女杰

1906 年，王根英出生在上海市郊一个贫苦农民家庭。八岁那年，年幼的王根英为生活所迫，顶替别人的名字进了上海怡和纱厂当童工。当时纱厂多由英国人和日本人开办，残酷剥削工人。王根英每天在装满纱锭的机器前连续工作十二小时，年复一年，度过了苦难的童年。1923 年是上海党组织飞速发展的一年，怡和纱厂是沪东区党支部的活动重点。王根英和不少姐妹都参加工人夜校的学习，她们不仅学到文化知识，而且还受到革命的启蒙教育。

1924 年，怡和纱厂成立第一个共青团支部，王根英当选为第一任团支部书记。因为厂里当时尚无党组织，作为团支部书记的王根英便担负起领导全厂工人与英国资本家进行斗争的任务。在中共沪东区委的直接领导下，经过一个月的准备，王根英领导团支部组织工人成

功举行了第一次全厂大罢工。这场罢工从1924年6月开始，共有六七千人参加，最终取得胜利。很快，王根英被推选为怡和纱厂的工会主席。1925年，王根英加入中国共产党。

1925年5月30日，全国性的爱国反帝运动——五卅运动在上海爆发。6月1日清晨，怡和纱厂七千五百多名工人在王根英等人的带领下，参加全市各界十五万人的罢工示威游行。1926年，为纪念五卅运动一周年，根据赵世炎、汪寿华等人的指示，王根英领导怡和纱厂工人首先发起罢工，对英国资本家进行反击。这场罢工坚持了四个多月，最后取得了胜利。

这以后，英、日资本家开始向工人“反攻倒算”，王根英成为黑名单上的头号人物并很快遭到逮捕。王根英被捕的消息，迅速传遍每个车间。工友们愤怒了，在党团员的带领下，他们组成上千人的队伍，来到巡捕房解救王根英。面对请愿的工人，巡捕房探长命令巡捕向工人射水枪。巡捕使用了全部水枪，也未能驱散工人，探长怕事态闹大，再次爆发像五卅运动那样规模的罢工不好收场，只得释放了王根英等人。但王根英等人的党团员身份已经暴露。

不久，党组织安排他们撤离怡和纱厂，王根英被党组织安排到沪东区委从事妇女工作。不久，她到上海总工会担任组织员，参加了上海工人第三次武装起义。第三次武装起义胜利后，上海特别临时政府成立，王根英当选为市政府委员。火热的斗争把王根英锻炼成为一名年轻的工人领袖、党的中坚分子。她作为上海党代表，前往武汉出席中国共产党第五次全国代表大会。

共同的革命理想，让王根英与陈赓的心走到一起

早在1923年，王根英就认识了此后与她的命运休戚相关的陈赓。当时，陈赓的公开身份是工人夜校教员。课堂上，陈赓的讲解深深打动了学员，王根英听得如痴如醉。课余时间，陈赓又与学员们打成一片，了解学员们的思想动态。

王根英美丽漂亮，举止洒脱大方，陈赓十分赏识她。他曾大胆地表示对她的好感，还几次到王根英父母住的破旧棚户区去看望他们。陈赓聪明过人，来到上海的时间不长，就学得一口流利的上海话。他与上海当地人说话时，一般人很难听出他是外地人，这对他结交朋友开展工作帮助极大。陈赓用上海话拉家常，王根英的父母很是喜欢他。但当时王根英的心思都扑在工作上，不愿考虑个人情感问题。

1927年，陈赓和王根英都作为代表出席了在武汉举行的党的第五次全国代表大会。中共五大结束后，经党组织批准，陈赓和王根英在武汉结婚，成为一对革命夫妻。

中共五大后，5月间，王根英又作为上海代表参加了全国第四次劳动大会。而后，王根英作为中国工人阶级的代表，还出席了国际工人太平洋劳动大会，并且被调回上海从事党的秘密工作。

斗争岁月见真情

1927年8月1日，陈赓参加了南昌起义。8月24日，陈赓在起义军撤出南昌向广东进军途中的会昌战斗中负重伤，左腿中了三颗子弹，胫骨、腓骨全被打断。10月中旬，陈赓历尽千难万险，经过汕头、香港来到上海疗伤。

自从两人在武汉分别以后，王根英

王根英故居

一直等待着陈赓的消息。如今，忽见陈赓拖着重伤的腿，历尽艰险来到上海，便把他安顿在家里，尽心照料，并且马上帮助他和党组织接上了关系。党组织深知陈赓伤势严重，想方设法把他送进上海著名的牛惠霖骨科医院治疗。当时王根英正在党中央机关担任交通员，时常到医院探视和照料陈赓。牛惠霖大夫和他弟弟牛惠生的医术高超，按照陈赓的愿望，把折断的腿骨重新给他接起来，保住了这条多处负伤的腿。

1928 年 4 月，为保卫党中央的安全，成立了中央特科。在中央特科的下面，设有情报科（二科），陈赓曾在苏联学过保卫工作，因此被任命为情报科科长。当时陈赓需要依托家庭作掩护，他在环龙路（今南昌路）租了一间房子。王根英不仅自己和陈赓住在一起，还把自己的妹妹王旋梅和弟弟王心昌带来，组织了一个大家庭，作为掩护，以避免敌人起疑心。第二年，王根英生了一个男孩，取名“知非”。为了避开侦探和特务的追踪，他们经常搬家，改名换姓。按照秘密工作的要求，陈赓每次都须选择出路多、遇事便于躲避的住房。从 1929 年至 1931 年，他们就搬过五次家。在此期间，王根英机警地掩护着陈赓，有力地保障了他的安全，使他能正常地进行工作。王根英自幼生长在上海滩，很早就参加了工人阶级的斗争，对这里的情况非常熟悉。平时，她细心地观察房前屋后的动态，注视着每一个形迹可疑的人，随时都在考虑如何应付可能出现的惊险紧张局面。无论是对待警察、巡捕的查问，或是遇到便衣特务的打探，她都能够机敏地对付过去。她对同住的弟弟、妹妹，也经常进行保守秘密的教育，弟弟王心昌还帮助陈赓送过信。

为了避免敌探特务的追踪，王根英从不让知非知道自己家的街道门牌号码。知非三岁的时候，有一天趁大人不注意，独自跑到街上去玩。他看到英租界的印度巡捕身上挎的枪，忽然想起前几天他爸爸藏在枕头下的枪，便天真地说：“‘红头阿三’的枪，没有阿爸的枪好。”这句话立刻引起了印度巡捕的警觉，他盯上了知非，紧跟他到陈赓家门口。这时，王根英正好出来寻找知非。巡捕问她：“你家有枪吗？”王根英想到可能是知非童言无忌，泄露了机密，便马上机警地回答：“有，有支枪，是他阿爸在永安公司给他买的玩具枪。”因为王根英讲话的神情从容自然，印度巡捕信以为真，就离去了。

1931 年 4 月，中央特科负责人顾顺章被捕叛变。在顾顺章叛变以前，陈赓同顾顺章工作关系密切，不仅陈赓工作

上的来往关系顾顺章都晓得，他的亲友顾顺章也都认识，这事发生后，周恩来便叫陈赓隐蔽起来，免遭敌人暗算，不久又派他去天津。在天津工作三个月后，陈赓被党组织派往鄂豫皖根据地工作，王根英带着孩子留在沪东区坚持斗争。

九一八事变后，党中央派帅孟奇到上海筹备工人反帝大同盟。她在沪东区找到王根英，转达了党中央团结各阶层人士实行抗日救亡的主张，并且指定王根英负责沪东区工人反帝大同盟分部的工作。从此，王根英投入紧张的抗日斗争中。她在群众中进行宣传、组织工作，日夜不停地奔忙着。1932 年，全国总工会成立了女工部，王根英被调去担任部长，刚从苏联学习回国的夏之栩任女工部秘书。她俩带着知非住在英租界的一个房子里。王根英几乎每天都往工厂里跑，她走后孩子就由夏之栩照看。

不久，陈赓从鄂豫皖苏区到上海来了。原来，在 1932 年秋的新集（今新县）胡山寨战斗中，陈赓右腿膝盖处负重伤。10 月，当红四方面军越平汉路西进的时候，陈赓离开部队到上海来医治腿伤。陈赓这次来到上海，依然是经过王根英找到党组织的，还是在牛惠霖医院里治疗。陈赓腿伤治愈后，准备在 1933 年 3 月下旬前往中央苏区工作。党组织原决定王根英和他一同前去，王根英心里非常高兴。不料在他们动身前夕，陈赓突然因叛徒出卖被捕。王根英看到周围的亲人处境险恶，忽然又得知陈赓被捕的消息，精神受到很大的刺激。4 月 1 日，敌人将陈赓押解到南京去。王根英在闸北酒店楼上听到这个消息，一时间头晕眼花，支撑不住，她和怀里的知非从酒楼上掉了下来，母子都受了伤。知非摔下来的时候，被下面的人抓住一只脚，因而保住了性命，但却把脑袋摔破了个口子，送到医院里缝了好几针。此后，王根英在母亲家里住了几天，又到上海郊区乡下亲戚家里隐蔽了一段时间才又回到上海，设法与党组织接上关系。

蒙难之后喜相逢

1933 年六七月间，王根英的病渐渐好了，便从郊区回到上海市区通北路家里，一面设法寻找党组织，一面找工作。同年 12 月，由于叛徒出卖，王根英在家里被捕，被押送到南京老虎桥“江苏第一模范监狱”。关押在这里的还有早先被捕的帅孟奇、夏之栩等人。1936 年秋，国民党当局把模范监狱的女政治犯调出，都转移到南京的“首都反省院”。

1937 年 8 月，第二次国共合作后，周恩来、朱德、叶剑英到南京参加蒋介石召开的国防会议。这个时候，周恩来和朱德一起接见了留苏学生并且作了政治形势报告。当时在场的姚素珍（王根英在怡和纱厂的工友）向周恩来报告：“王根英仍在狱中，还被关在南京晓庄‘首都反省院’。”周恩来说：“不要紧，我会把她接出来的！”

8 月 19 日上午，周恩来和叶剑英、童小鹏等一起来到南京晓庄“反省院”。周恩来看了“反省院”全部政治犯名单，点着王根英、夏之栩和张琴秋三个人的名字（其他同志在被捕后改了姓名），对这个“反省院”的院长说：“今天我们要见见她们。”院长满口答应，马上派人把她们三人叫出来。王根英她们在见到周恩来和叶剑英的时候，都被这意外的会见惊呆了。叶剑英先开口说：“怎么，不认识我们了？”她们才都如梦初醒，非

陈赓和妻子王根英

五卅运动

常高兴地迎上来，把关在这里的其他同志的真实姓名做了汇报。周恩来同她们略事寒暄、亲切问好后，转向这里的院长说，今天先把她们三人带走。院长立即表示同意。

站在一旁的特务却说："张琴秋是俘虏，若要出去，须得经过顾祝同的命令。"这时，夏之栩向周恩来建议：熊天荆有病，可以让她顶替张琴秋先出去。院长同意了，特务却提出："要走，还须有保人。"周恩来幽默地对院长说："那么，我和剑英同志担保，可以吗？"院长连连点头说："行，行！周先生要保还能不行？！"于是，马上填了保单。周恩来又说："我能不能和大家见见面？"院长又是满口答应，立即就叫关在这里的政治犯都到礼堂集合。周恩来和叶剑英向这里的全体政治犯做了形势报告，讲明国共两党停止内战，再度合作，一致抗日；还说红军将改编为国民革命军第八路军，南方红军游击队也将改编，开赴抗日前线，并且在南京、重庆、西安、武汉等地成立八路军办事处等。周恩来还告诉大家："不久，你们即可奔赴抗日前线。"周恩来和叶剑英的报告鼓舞了全体政治犯的抗日热情，受到热烈的欢迎。

报告会结束后，王根英、夏之栩、熊天荆三人到牢房收拾好了东西。周恩来等回去后就派车来，把她们接到八路军驻南京办事处。她们一到八路军办事处，就忙着营救当时关在各处监狱里的政治犯。夏之栩、熊天荆和从南京中央军人监狱出来的几位男同志出面，一起办理了出狱的手续。之后，从南京的"反省院""军人监狱"苏州监狱和上海的监狱里，陆续出来了二百多个难友，其中有许多人陆续到了延安。

这个时候，红军正在陕西三原地区改编为国民革命军第八路军，陈赓和他的部队也驻扎在这里。王根英出狱后不久，周恩来把她带到西安。8月26日，王根英又由西安转往云阳八路军总政治部与陈赓团聚。见面后，他们悲喜交加，激动得热泪盈眶。8月27日，陈赓在日记中写道："上午乌云密布，下午微露日意，大家喜形于色。昨日根英由西安到达云阳总政治部，小平同志加菜为我们庆贺，并另辟一室使我们能作竟夜长谈，其快乐有胜于1927年武汉新婚之夕。根英在狱中达4年，艰苦备尝，在敌人威逼利诱下，始终坚持党的立场不为动摇，使我对她更加敬佩，从此我俩的爱情更趋稳定而不可动摇了。"

血染的战地爱情

王根英见到陈赓之际，正值八路军出征前夕，部队正忙于整编。陈赓被任命为一二九师三八六旅旅长，率部东渡黄河，开往山西抗日前线。王根英回到延安后，进入陕甘宁边区党校学习。毕业后，她被分配到《新中华报》社工作。随着华北战局的发展，八路军三大主力在各战略区胜利展开。王根英渴望到华北前线去体验八路军的战斗生活，一再向组织要求到前方去工作。

1938年秋，党组织批准了王根英的请求，派她到太行山区一二九师工作，她被分配到师供给部主办的财经干部学校任政治指导员。

1938年12月，刘伯承、邓小平率三八六旅主力越过平汉线，开进冀南地区。王根英所在的财经干部学校也随部队东进。1939年1月，日军抽调三万余人，分十一路对冀南根据地进行大规模

王根英和儿子陈知非

“扫荡”。我军主力带领冀南根据地的地方武装，立即展开极其激烈的反“扫荡”斗争。1月14日，陈赓和王根英在战地意外相遇。王根英把自己做的棉坎肩交给陈赓，并亲切地说：“用我自己的津贴，从老乡家里买的棉花和布，亲手缝做，你穿上准暖和。”陈赓接过坎肩，深情地说：“知我冷热者，王根英也！谢谢王根英同志兼夫人。”说着，陈赓向她深深地鞠了一躬。

1939年3月以后，敌我斗争重点逐渐转向山地，冀南反“扫荡”已近尾声，财经干部学校跟随部队主力越平汉线西进，转往太行山区。学校在南宫附近开始行动时突然与日军遭遇，敌人放火烧了村庄，把这所学校的一部分人冲散了。王根英因为负责收容一部分伤病员，落在后面，她便把这部分伤病员带到一二九师供给部。3月8日，王根英随师供给部驻在南宫县东南的前后王家。这天，日军进攻冀南军区驻地——冀南根据地的中心南宫地区，师供给部被敌人包围。王根英不顾个人安危，把分配给她骑用的一头骡子牵到卫生队来给伤员骑，自己徒步随警卫部队一起突出重围。王根英冲到村外后，却发现装有文件和公款的挎包没有带出来。她着急地说：“不好！还有一笔公款没有带出来！”说毕，她便毅然独身向村中奔去。王根英在驻地将挎包取出，不幸在出村时与日军遭遇。同志们清楚地看见她在敌人的机枪扫射中倒下了，等大家组织好队伍冲到村边来接应她时，她已经壮烈牺牲。她的身上有弹洞，也有多处敌人的刺刀洞痕，鲜血染红了身下的泥土。

（本文选自中国共产党新闻网）

女游击队队长毛泽建

文/黄纯芳　史　宣

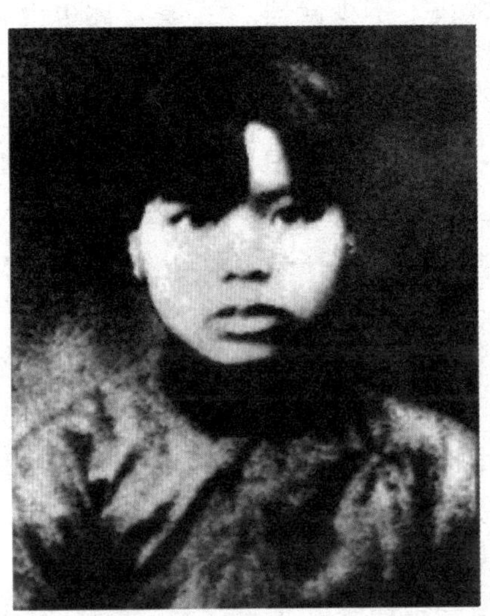

毛泽建

毛泽建（1905—1929年），湖南湘潭人，毛泽东堂妹。1921年加入社会主义青年团。1923年加入中国共产党，同年考入湖南省立第三女子师范，任学校地下党支部书记。1926年北伐军进军湖南，她积极发动组织群众支持北伐战争。"马日事变"后，湖南各地反革命气焰嚣张，她拿起武器，开展武装斗争。1927年9月，她和衡阳县委负责人一道组建了衡北游击师，镇压土豪劣绅。1927年11月，衡山农民游击队成立，毛泽建任队长。她带领游击队队员打击土豪劣绅，炸县衙，破坏敌人的通信设备，行动神出鬼没，敌人闻风丧胆。1928年初，参加朱德、陈毅领导的湘南起义。1928年5月，毛泽建和丈夫陈芬先后被敌人逮捕，敌人杀害了陈芬，毛泽建被井冈山根据地的红军救出。面对敌人的猛烈反扑，为了不拖累同志们，怀有身孕和负伤的毛泽建坚决要求留在当地隐蔽。产后，毛泽建不幸再次被捕。敌人把她从耒阳押到衡阳，后又押到衡山，通过封官许愿和酷刑拷打，妄想从这位共产党员、女游击队队长身上捞到我党的重要机密和军事行动计划。毛泽建始终坚贞不屈，在狱中写下了"誓死为党""毛泽东是大有希望的，革命一定会胜利"等血书，表达自己对党的赤胆忠心。1929年8月20日在衡山马王庙英勇就义。

1927年5月，长沙马日事变之后，中共湖南党组织遭到严重破坏。八九月间，毛泽建与肖觉先、戴金吾、屈森澄带着各方集合起来的农民武装来到妙溪山，组成了衡北游击师。游击师成立以后，曾多次夜袭敌人，缴获了不少武器弹药，严惩了“反攻倒算”的土豪劣绅和团防武装。

敌人的团防局长钟亚阶几次组织“清乡队”上山“剿匪”，都被游击师打得狼狈而逃。但钟亚阶贼心不死，在县里借了一个连的兵力，决心再次“围剿”游击师。

在严峻的形势面前，毛泽建与肖觉先等人冷静分析，他们认为敌强我弱，不能硬打硬拼，必须诱敌深入，智歼群魔。反复商量后，他们决定利用钟亚阶派到游击师活动地妙溪山一带侦察的狗腿子，故意让其带回错误的情报，诱而歼之。

这天晚上，钟亚阶得到情报，毛泽建和肖觉先带领游击师正在松林里煮饭吃。钟亚阶一听，高兴极了，连忙带着“清乡队”向山上爬去。到达松树林时，果然见到一堆火，还隐隐约约传来碗碰碗的响声。敌连长忙令士兵卧倒，向火堆射击。只见那火堆瞬间化作数十支熊熊燃烧的火把，在松林里一闪一闪。敌连长大喝一声“上”，钟亚阶阻止道：“且慢，毛泽建等人诡计多端，要是有埋伏，那就上当啦。松林后边地形险要，没有退路可走，先集中火力猛射一阵，然后兵分两路，包抄过去。”敌连长一听有理，命令道：“给我狠狠打！”顿时，机枪和步枪“嗒嗒嗒——”射个不停。打了好一阵，松林里的火光全都被打灭了，敌人的子弹也消耗得差不多了。钟亚阶好不欢喜，心想这下子游击师的人都见阎王去了。他同敌连长带领士兵跑到松林里一看，顿时傻了眼，松林里一具尸体也没有。原来，毛泽建和肖觉先在松林里布了疑兵阵，故意烧了一堆火，又让战士发出碗碰碗的声音，假装在吃饭，然后把灌满煤油的南竹筒点燃挂在树枝上，人全都撤到树林外埋伏。

钟亚阶见中了计，一声哀嚎，“哎呀呀，又上当了”，掉转头猛跑。游击师的战士从两侧冲上来，“叭——叭——叭——”一阵射击，把敌人打得尸横遍野，敌连长被活捉，钟亚阶被击毙。

（本文选自《湖南日报》）

毛泽建烈士陵园

松潘草地上的炊烟

文 / 王树增

大家叫着他，轮流把他抱住，试图让他活过来，但是钱班长的身体已经凉了。钱班长和他的炊事班的战士全都牺牲在了草地里。

1935 年 8 月 21 日早晨，在穿过一条无名山谷后，红一军团二师四团进入了松潘大草地。在大草地的边缘，杨成武举起望远镜看去，心情骤然紧张起来：大草地野草丛生，水流交错，水草上雾气缭绕，天地间苍茫无边，人一旦置身其中根本无法分辨方向。黑色的积水散发着腐味，草丛下是无法预测的泥潭，脚踩在上面软软的，若是一不小心下脚过猛，就会陷下去直至被淹没。

六十岁的藏族向导用生硬的汉语说："往北，只能从这里走。"

看着杨成武一脸难以置信的表情，藏族向导只好详细地解释说："要拣最密的草根走，一个跟着一个。我就这样走过，走了几天几夜才出了草地。草地里的水是黑的，有毒，喝了肚子发胀，还会死。如果脚被划破了，伤口被水一泡就会溃烂。"

草地天气多变。早上乌云滚滚，冷雨霏霏，中午的时候突然晴朗起来，但顷刻之后又是大雨滂沱。草地里的河水骤然暴涨，四团战士无法徒涉，只能停下来等待。大雨中根本无法宿营，战士们吃一点青稞面，然后找到一处稍高一点的小坡，挤在雨布下冷得浑身直打战。

四团走了两天之后，藏族向导指着前面突然出现在草地中的一座山丘说："那就是分水岭。我们从毛儿盖来，一路所有的河都往南流，流入岷江，接着又流进长江。但过了那个山丘，所有的河都往北流，流入玛曲江，最后流到黄河里去了。"

这里是中国的大河之源。

在这里，十七岁的小红军郑金煜死了

进入草地的第二天，四团就有战士倒下了。他们都是在消耗了身体里最后一点热量后一头栽倒在泥水中的。有的夜晚还在大雨中与战友们站在一起露营，天亮时分却没有了踪影。即使那些

中国的大河之源

仍在行走的战士，也因为饥寒而脸色黑黄。四团所有的牲口上都驮满了走不动的人，依旧还有战士只要倒下就再也站不起来了。郑金煜从江西石城加入红军，成为红军的一名小宣传员，他虽然个子不高人又长得秀气，但打起仗来毫不含糊，因为作战勇敢十六岁就入了党。四团进入草地后，郑金煜背着武器、背包，还背着部队生火用的柴火。他总是走在队伍的最前面，宣传鼓动的时候笑眯眯的，会讲故事还会唱歌。后来，杨成武发现有两天没见着这个活泼的小红军了，一问，才知道郑金煜因为呼吸困难已被送到卫生队去了。红军战士都表示无论如何也要把他带出草地，于是杨成武把自己的马给了这个小红军，但是郑金煜已经无法在马背上坐住了，卫生队就把他绑在杨成武的马上，让人跟着马看护着他。第四天的中午，被绳子绑在马背上的郑金煜突然说："让政治委员等我一下，我有话要对他说。"走在前面的杨成武立即赶了过来，郑金煜断断续续地说："政治委员，我在政治上是块钢铁，但是我的腿不管用了，我要掉队了，我舍不得红军，我看不到胜利了。"四团走出草地的前一天，十七岁的郑金煜死在了马背上。

背着大铜锅的炊事员

和冰冷的大雨、稀薄的空气以及近似陷阱的泥潭相比，最大的威胁还是缺粮。一旦进入松潘大草地，几乎所有的死亡和消耗都与无法得到补充有关。高原沼泽中，没有任何可以吃的东西。

红三军团的一个连队有九名炊事员。班长姓钱，他带领的这个炊事班，每个人挑的担子都超过了规定的重量。钱班长说草地里弄不到粮食，多挑一点有好处。虽然受到了上级的批评，但是在向草地出发的那一刻，钱班长还是带上了连队的那个大铜锅。这个铜锅从江西一直跟随着他们到了松潘草地。铜锅至少有几十斤重，上级命令把锅扔了，钱班长说："锅扔了，炊事班干什么？"虽然钱班长很严厉，但是大家还是很喜欢他，因为他对革命无比忠诚。在贵州打土城的时候，战士们眼看着他在给阵地上送饭时倒下了，大家都以为他牺牲了，难过了很久，可是半夜时分他又一个人爬回来了，敌人的子弹打在了他的腿上。炊事班行军负重大，别人休息的时候他们还要忙。钱班长发现战士们的脚被黑水泡肿了，于是每天都要用大铜锅烧热水让战士们烫脚。进入草地的第二天，大铜锅就没有粮食可煮了。炊事班给那些没有了干粮的战士不断地补充着事先炒好的小麦和青稞。但是大铜锅还照常被挑着行军。

一天早上，一个炊事员刚挑起大铜锅，身子一歪就一声不响地倒下了，另外一个炊事员挑起大铜锅继续赶路。中午的时候狂风大雨，部队被迫停止前进。炊事班在雨布下忙着用大铜锅烧姜水给大家喝，好不容易把水烧开了，那个挑着大铜锅的炊事员端着一碗姜水想给病号送过去，但没走几步就连人带碗摔在了泥水里。战士们赶忙上前扶起他来，发现他已经死了。这时候战士们才知道，炊事班的同志自从进入草地以后谁也没舍得吃一粒粮食。第四天的时候，半夜里，钱班长突然想喝水，自己走到篝火前坐了下来。大铜锅里一滴水也没有，钱班长就这样守着空锅一直坐到天亮。篝火已经熄灭，部队又要上路了，战士们发现钱班长还在那里坐着，走过去一看，他就这个样子死了。大家叫着他，轮流把他抱住，试图让他活过来，但是钱班长的身体已经凉了。钱班长和他的炊事班的战士全都牺牲在了草地里。

（选自《中国教育报》）

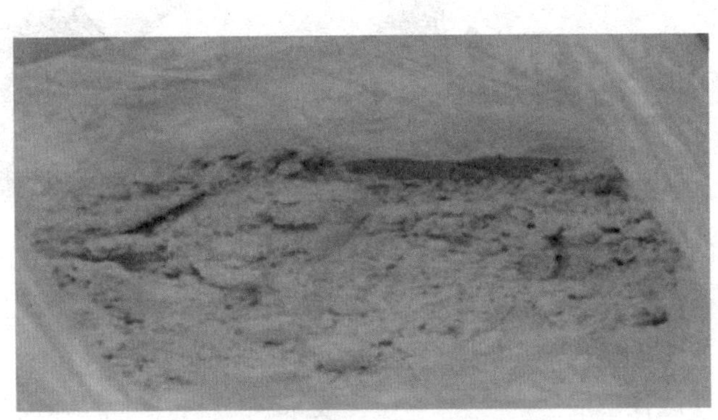

长征沿途中战士所吃的青稞面

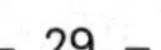

忆渡江战役取胜和金门战斗失利

文 / 仲国球

渡江战役

渡江战役取胜

1949年4月20日，国民党政府拒绝在和平协定上签字。4月21日，毛泽东主席、朱德总司令下达了"向全国进军"的命令。当时，二十九军作为千里渡江最东的一个军，任务是在江阴以东攻占敌二十一军和江阴要塞的防御地段，切断京（南京）沪铁路，向东实行警戒。21日夜，二十九军在江阴以东突破敌人防御阵地后，登陆成功。为了亲临前线指挥，军首长率我们前方指挥所随第一线部队——八十六师突击团一起渡江，于二十二日凌晨在石牌港登陆。

在渡江战役发起前，为了配合大军渡江，策划江阴要塞敌军起义工作划归三野十兵团领导。中共华中工委把江阴要塞的地下党组织关系转到十兵团，叶飞司令员与韦国清政委召见华东局社会部情报科长王征明，决定派二十九军二六〇团团长李干、二五七团三营教导员徐以逊、二五三团二营副教导员王刚、二五五团三营副教导员陆德荣四人

渡江战役总前委合影从左至右依次为:(粟裕、邓小平、刘伯承、陈毅、谭震林)

随王征明和华中工委的吴铭一起打入江阴要塞，策动要塞的国民党军起义。他们与江阴要塞的地下党员唐秉琳、王德容、吴广文、唐秉煌等一起，经过机智勇敢的斗争，使要塞火炮失灵，通信中断，头目被困，指挥瘫痪，部队混乱，并促成要塞守军举行起义，从而大大减少了二十九军渡江的困难，加快了胜利的进程。

二十九军进占要塞后，立即控制炮台，封锁长江东面江面，抢占江阴城，后又迅速直插京沪铁路，二十三日夜抢占无锡，切断京沪线，二十七日解放苏州，兼任苏州城防警备，向东实施警戒。经七个昼夜连续作战，二十九军歼敌两千一百多人，策动江阴要塞七千多人起义，胜利完成了任务。

金门战斗失利

10月24日至27日的金门战斗，由二十八军指挥，二十九军派出二五三团、二五九团参战，战斗于24日晚发起。

当晚，二十八军的二四四团、二五一团和二十九军的二五三团（差一个多连）顺利登陆金门岛，并向纵深发展，俘敌数千。后因潮汛等原因，登陆部队船只没有返回，以致我前方指挥部与后续部队当晚没能够渡海过去参战。后经多方征集船只，25日晚仅渡海过去四个连，内有二十九军二五九团一个多连。我已登陆的部队遭到了数倍于己的敌海、陆、空军围攻，指战员在“待援无兵，后退无路，突围无门”的严酷条件下，不屈不挠，顽强战斗，坚持到27日，弹尽粮绝，大部壮烈牺牲，或负伤被俘，战斗最终失利。是役，我军（包括船工）损失九千多人，为解放华东全境中受到的最大损失。

当战斗受挫折时，十兵团首长于26日下午授命八十五师朱云谦师长渡海去古宁头统一指挥已登陆部队坚持战斗。傍晚，从厦门方向驶来了一条机帆船，我们动作快的几个“小鬼”待船一靠海

4 月 20 日，解放军发起渡江战役

1949 年，解放军发起金门战役

滩，就爬到船上去了。但因退潮，船只搁浅。此时敌人飞机又来扫射，朱师长命令我们先从船上撤下来，待涨潮时再上去。当晚兵团首长又来电话说：“不要过去了。”因为此时与岛上部队已失去联系，同时也听不到枪炮声了，估计战斗已失利。

关于金门战斗的失利，当年毛泽东主席在为军委起草的通报中指出：失利的原因是轻敌、急躁。对金门战斗参战部队的评价，中央军委原副主席张震在为《回顾金门登陆战》一书写的序言中，称赞登陆部队：“表现无所畏惧的英勇气概和视死如归的牺牲精神，他们的革命品格和光辉事迹，决不因为战斗的失利而受到抹杀。”

金门战斗时，为了防空，我们白天进入田野甘蔗林中隐蔽，25 日下午，我收到了电台送来的一份急电，向师长报告后即进村庄去译报。不久来了两架敌人的战斗机在村庄上空盘旋，之后突然丢了一颗炸弹，弹片、砖瓦飞入屋内，我将密码一卷，冒着烟雾泥尘冲出屋去。回到田野后向师长报告，电报已大部分译出，但未译完，需找个地方继续译。首长说：“小鬼，好险啊，我已派警卫员去找你了，你不能再进村了。”于是我找到一块坟地，伏在石碑上将电报译完。那是一份关于敌人军舰在金门料罗湾活动的敌情通报。这也算是这次战斗中的一个小插曲。

2003 年初，原二五三团政治处主任张茂勋（他当时也是因为没有船只而无法渡海去参战）在给我的一封信中说：“我们是金门战斗中真正的幸存者。”

（选自中国共产党新闻网）

大盘道伏击战

文 / 陈泓友

东北沦陷时期，林口至刁翎的警备道上，有几处弯曲盘绕、厢廊回转的道路，当地人称为大盘道。这一带山势绵延，山坡重叠，山河相依，林木繁茂，地形复杂。抗日联军看中了这个地方，将它作为消灭敌人的好战场，经常在这一带出其不意地袭击日伪军。在大盘道多次伏击战中，1937 年 1 月 28 日，抗联五军对日军的伏击战给敌人的打击最沉重，所取得的战果也最大。

这次伏击战的前几天，驻后刁翎街的日军步兵三百六十余人，准备撤往林口，勒令当地居民出马爬犁（雪橇）二百余张。后刁翎街的“抗日救国会”得知日军将于 1 月 28 日出发的准确消息后，把这一情报秘密送交抗联五军。抗联五军副军长柴世荣接到情报后，同军部参谋处综合其他方面的情报进行分析研究，大家一致认为：后刁翎街驻有日军七百余人，一半兵力向林口移动，用爬犁拉人至多七八十张就够用了。可是现在日军要征调二百张以上，必定还要运送军用物资。这样他们的行动势必笨重，有利于我军歼灭这股敌人。于是军指挥部决定在大盘道设伏，吃掉这股敌人。

1 月 27 日夜晚，柴世荣调动五军二师五团全部、军部警卫营、青年义勇军和妇女团共八百多人的兵力，在徐家屯附近集结后，秘密移动。部队在夜色掩护下轻装疾进，临战前的战士们紧张而兴奋。28 日凌晨 4 时许，部队到达大盘道山上。柴世荣命令五团和警卫营分别埋伏在道西乌斯浑河畔的柳条通里和道东山坡上的灌木林中负责正面袭击。军部和青年义勇军及妇女团埋伏在北面的蛤蟆塘山上，负责切断敌人退路，从敌人背后发起攻击。

上午 7 时，埋伏袭击的准备一切就绪，这时满布阴云的天空纷纷扬扬地飘起了大雪。战士们静悄悄地潜伏在用冰雪筑成的掩体后面，忍受着刺骨的寒风。因为害怕枪被冻住拉不开枪栓，他们把枪紧紧地抱在怀中，就这样一直潜伏到中午，战士们身上都覆盖上了一层厚厚的雪，却还不见敌人的踪影。有的战士

抗联第五军副军长柴世荣

“八女投江”——抗联第五军女战士的英雄壮举

开始急不可耐了，嘟囔着：“白来挨冻，哪里来的敌人？”话音里夹带着埋怨的情绪。“忍耐着点，鱼儿一定会钻进网里来的，”柴世荣传令各部队长说：“打好埋伏才能出其不意攻其不备，发现敌人时，一定要听从指挥，猛打猛冲。”

等至中午12时30分，北方传来了“吱吱嘎嘎”的声响，敌人终于来了。战士们立刻振作起来，全神贯注地盯着远方的公路。不一会儿，敌人的尖兵出现了，一共五十人，乘坐八九张爬犁，弯弯曲曲地向盘道驶来。在风雪的袭击下，尖兵们冻得缩手缩脚的，挤在马爬犁上，也顾不得警戒和搜索了，只管闷头前进。尖兵过后，日军大队的马爬犁一张接着一张地拥挤过来，昏头昏脑地钻进了抗联五军为他们布下的罗网。

午后1时，山上五军指挥部发出攻击信号。信号枪一响，战士们的步枪、机枪、手榴弹和迫击炮一起发作，猛烈的枪声、爆炸声震天动地，日军被打得人仰马翻爬犁倒。许多日本兵还不知道发生了什么事就被打死了，有的在公路上乱窜，盲目抵抗。日军遭此突然一击，死伤近半，剩余的残敌一边在公路上狼狈逃窜，一边口里“咿哩哇啦”地乱叫，企图重新组织起来抵抗。在敌人混乱之际五团和警卫营趁势从柳条通和山坡上发起冲锋，战士们端起刺刀杀向敌群。刺刀寒光闪闪，搏击声乒乒乓乓，曾经不可一世的日本侵略军，在抗日英雄的刺刀下发出阵阵惨叫。余敌向蛤蟆塘山后逃窜，早已埋伏在那里的青年义勇军和妇女团战士们，迎头就是一顿机枪、步枪和手榴弹，然后跃出掩体，个个像小老虎似的，向溃败的日本兵猛打猛冲。陷入包围中的日本兵一个个像没头的苍蝇一样，东碰西撞。

激战到下午4时，战斗胜利结束。三百六十余名日军全部被歼，其中被青年义勇军和妇女团生俘二十八名。敌人的武器、弹药和辎重全部被缴获。战士们拍打着缴获的步枪、机枪，笑逐颜开，不胜喜悦。在一百余张爬犁的军需物资中，有一张爬犁装满了纸币和金条，其余有些满装着绿宝牌白面、鱼肉罐头、大米、猪肉、饼干和糖果，有些满载着军大衣、军毛毯等物资。

这次战斗狠狠地打击了敌人，鼓舞了当地群众，也武装了抗联部队。

当晚，抗联五军参战指战员在大盘道村宿营，群众欢天喜地迎接自己的子弟兵。部队召开群众大会，当众宣布在战斗中缴获的五百余匹马，属反动地主的一律没收，其余属于农民的都归还原主。并把缴获的粮食、猪肉分给贫苦百姓，还分给老百姓每人五元钱，孩子们每人分到一包糖果。恰好时值春节前夕，老百姓们分得大米白面等战利品，个个心花怒放。沉浸在胜利喜悦之中的老百姓情不自禁地喊起了口号：“我们一定要大力支援抗日联军！”“打倒日本帝国主义，铲除汉奸卖国贼！”“东北抗日联军万岁！”口号声此起彼伏，会场上一片沸腾。

第二天黎明前，抗联五军指战员向大顶子山方向转移，准备迎接新的战斗。

（本文选自东北网）

解放万家桥

文 / 程灶毅

万家桥位于宁国东部地区，属于天目山系西麓，战略位置十分重要。解放战争时期，中共苏浙皖边工委领导的中国人民解放军苏浙皖边区支队和天西武工队，对国民党万家桥守敌发起攻击，一举解放了“铁打的万家”。

解放万家桥战斗是苏浙皖边工委成立后的第一个胜仗。

万家桥警保队极为反动。拥有乡警保队员六十余人，武器精良、装备齐全、弹药充足，有步枪六十七支、短枪七支。乡长唐述玉是宁国县敌党政军干部联席会议所属的“突击工作队”队长，极端反动残忍。乡警保队副队长周福田是狂妄之徒。万家桥街四周筑有三尺厚一丈高的土围墙，东西南北均筑有三层楼高、墙壁有二尺多厚的碉堡，四座碉堡组成交叉火力网，防卫森严。

1948 年 8 月，苏浙皖边工委率主力南移宁国冯家塔，决定攻打万家桥国民党乡公所，以拔除插在我根据地中心的敌方万家桥据点。边工委首长钱敏（化名林岳）、孙章录令支队侦察班到万家桥侦察敌情。在天西工委的密切配合下，由副支队长张晖负责实施战前侦察。侦察人员潜伏到万家桥背面山头的树林中，经现场仔细勘察，画出了万家桥的地形、道路、碉堡、土围子等全部防卫图。

侦察班侦察了好久，还没有找到理想的进攻路线。

当时国民党县政府的县长胡海愚在乡镇会议上吹嘘：“万家桥是抵抗新四军的坚强堡垒”。乡警保队副队长周福田更大吹大擂，说是“铁打的万家”，他还狂妄地宣称：“新四军不付出代价，想拿下我万家，谈也不要谈。”

又经过一个多月，到 11 月，有一天，从万家桥出来两个警保队员，看样子是回家探亲的，侦察员刘祥汉和另一个侦察员立即跟踪上去。行走了一公里路，两个警保队员发现有人跟随，心中有点吃惊。为了不让他们在前面小山转弯处逃跑，刘祥汉立即抄近路快跑追上他们，同时亮出手枪喝道：“不准动！”

他们立即停步，吓得直发抖。刘祥汉对他们简要地交代了政策，问了他们的姓名和家庭住址。两人中有一人名叫何四一，刘祥汉等侦察员随同来到何四一家中。刘祥汉向何四一说明，新四军是来打万家桥的，叫何四一把万家桥的情况告诉侦察员。刘祥汉再次反复交代政策，劝他改过自新，争取立功。何四一低头沉思，感到无路可走，最后才下了决心，对刘祥汉说了万家桥据点的兵力、火力和给养情况。突破点选在哪里是个难题。经详细询问，何四一想了很久才说：“山水从后面的大坞流向大河，横穿万家街，把万家街一分为二。流水沟有四五尺高，两尺多宽，只有从这条沟可以进去，没有别的办法，但是沟口钉有粗木桩，挡住了进出口。”对何提供的这个线索，侦察员很重视，就进一步启发他，叫他回万家再察看一下，沟口的木桩怎样才能拔除，再回来向新四军报告，并商定第三天到何四一家里碰头。

等到第三天，刘祥汉一行再到何四一家，何四一果然回来了。原来是他的妻子一早披头散发哭到万家桥，对何四一说：“你父亲放牛时从牛背上摔了下来，生命危险，你赶快回去看看。”何才被批准回家。一见面何四一就对刘祥汉说：“看样子木桩已钉很多年了，有一点腐朽。不怎么结实，可以拔掉。”刘祥汉很高兴，感谢何为新四军出了力。钱敏等首长根据掌握的情况制定了攻打万家桥的作战计划。

侦察员回队后的第二天拂晓，边工委部队故意在离万家桥不远的地方行军，给敌人造成新四军已经开走的假象，以麻痹敌人。部队走到离万家约五十公里的地方便停止前进，就地休息。吃过晚饭，在7时左右，边工委命令战士放下背包，轻装急行军冒雨翻山越岭，赶回万家桥街外，这时已是夜里11时许。刘祥汉带领侦察班由河堤下，鱼贯向洞口摸索前进。到了洞口拔掉木桩，发出信号。部队就尾随侦察班进涵洞，冲到万家桥东街，立即散开，分别奔向四座碉堡。五中队兵分两路迅速包围了东、南两座碉堡，六中队也兵分两路包围了西、北两座碉堡。

此时，万家乡乡长唐述玉在家开着留声机听完了几张唱片，看了一下，日历日期是1948年12月19日（农历冬月二十），街外面下雨，想必新四军不会来万家，便上床睡觉。尚未入眠，忽听见街上有急促的跑步声，又闻“快走！快走！”的招呼声，唐述玉意识到可能是游击队进街了。他来不及穿长袍，就穿一身短衣，拿起快慢机，出后门慌慌张张地上了离家不远的南碉堡。

敌人做梦也没有想到游击队能绕过

苏浙皖边区支队

据点的岗哨和三尺厚的围墙，突然钻到自己的眼皮底下，慌乱中举枪还击，但为时已晚，四座碉堡的所有枪眼早已被游击队用机枪、步枪封死。碉堡里的敌人偶尔斗胆向外射击或投下几颗手榴弹也毫无杀伤力，有的手榴弹甚至连导火线都未拉就投了下来。在游击队猛攻敌碉堡的同时，还进行阵前喊话，宣传游击队优待俘虏的政策，实施攻心战。结果仅二十多分钟，东西两座碉堡的守敌在班长的带领下停止了抵抗，游击队战士迅速放火烧毁了碉堡。此时，只有乡长唐述玉亲自督阵的南碉堡和乡队副周福田指挥的北碉堡仍在顽抗。游击队立即集中工兵班，挖掘交通沟，直至北碉堡底下，把地雷、黄色炸药堆放在碉堡底下，作好引爆准备。如果敌人仍拒绝缴枪，就送他们上西天。对南碉堡游击队暂时围而不攻。半夜时分，天西武工队把周福田的全家老小带到北碉堡附近。游击队除了向他们交代俘虏政策外，还让他们亲眼看看埋在碉堡底下的地雷和炸药。然后让他们到碉堡前向周福田喊话。他们在阵地上哭哭啼啼，要周福田认清形势，不要再为国民党卖命，现在东、西两座碉堡的守军已经投降，游击队已把地雷、炸药埋在碉堡底下，如再顽抗只有死路一条。在他全家老小连哭带喊的劝说下，周福田动摇了。周表示只要游击队既往不咎，保证他全家人的生命安全，他就投降。游击队重申了我军优待俘虏的政策，表示游击队说话算数，决不会在投降后加害于他。至凌晨2时左右，北碉堡的敌人亦缴枪投降了。一把大火在北碉堡上冲天而起，顽抗待援的唐述玉彻底绝望了。这时游击队乘胜集中全部力量攻击南碉堡，集中火力把敌碉堡的枪眼全部封死。碉堡里的敌人根本无法还击。同时工兵班很熟练地挖掘交通沟，很快就接近了碉堡，战士们把成捆的炸药，送到碉堡底下。天西武工队这时亦把唐述玉的小老婆金发娣叫来，要她向唐喊话劝降。唐对劝降的话一句也听不进，还向金发娣投了一颗手榴弹。尽管唐述玉使尽威逼利诱之手段，但是他手下的士兵看到东、西、北面三座碉堡均被攻克，增援无望，都不愿抵抗。唐只得只身从碉堡顶上瞭望孔偷偷滑下，向山上逃跑了。凌晨2时半左右，南碉堡的守敌亦投降了。

解放万家桥的战斗，除乡长唐述玉一个人逃跑外，乡警保队副队长以下六十余人，全被俘获，新四军缴获大批军用品，取得了边区支队进入天西地区以来的最大胜利，威震整个天西。整个宁东南地区国民党只剩下宁国墩一个“纸糊的”据点。

（本文选自宁国新闻网）

新四军战士

铁马冰河入梦来

——冯仁恩将军的七个故事

文 / 冯抗胜

冯仁恩将军

梦呓："菩萨！菩萨！"

那是1936年的夏天，红四方面军第二次过大草地，已经走了四十多天，菜尽粮绝。看到战友们因饥饿倒在长征路上，担任红四方面军总供给部粮秣科科长的冯仁恩忧心如焚。一天晌午，冯仁恩正带着几个战士在外筹粮，暴风雨骤然降临，他们连忙躲到附近一个空喇嘛寺里避雨。看到寺里一尊尊慈眉善目的菩萨，冯仁恩心想：你们如果真有灵，就保佑我们筹到粮食，让战友们吃饱肚子，早日走出大草地……忽然一个闪电，一个念头跳了出来：在冯仁恩的家乡湖北麻城的大别山区，修庙塑菩萨时，总

要把一些五谷杂粮装在菩萨肚子里，从背后封上，以保证菩萨永远饿不着，永远为百姓做善事。有时遇到灾年，冯仁恩和小伙伴们就背着大人，到菩萨背后去开天窗，取食粮，告诉大人们菩萨显灵了。大人们信以为真，于是庙里香火不断。湖北的菩萨能“显灵”，草地上的菩萨能不能“显灵”呢？他把这个念头告诉几名战士。战士们立即绕到菩萨背后，找到了“天窗”，打开一掏，里面还真有粮食。冯仁恩他们大喜，一齐动手，掏出了近四斤粮食。他们把粮食装好，给寺里的喇嘛留了一张条子和几块银圆，临走时，冲菩萨拱拱手，说：“谢了！革命胜利，也有你们一份功劳，我们不会忘记你们的！”

有这些粮食垫底，他们很快走出了草地，到了腊子口。

梦呓：“油条铺！油条铺！”

由于张国焘的错误路线，西路军失败。冯仁恩和战友们在傅义一带与马步芳、马步青的骑兵经过一番激烈鏖战后，不幸被俘，受尽磨难。敌人得知这一批红军里有十多个是干部，就准备把他们秘密押解到南京，交给国民党政府处置。他们被关在西安一个军械仓库里。当时，正是西安事变爆发。冯仁恩他们听到仓库的警卫在议论，七贤庄有共产党的八路军办事处，叶剑英在那里，于是他们就商量，一定要设法逃出去找党。当天夜晚，他们被押到西安火车站，准备乘12时的火车去南京。正巧，晚了两个小时，敌人只好把他们暂时集中在车站附近的一个油条铺里。当时正酝酿国共合作，敌人不敢明目张胆地荷枪实弹，只派了两个警卫带着手枪看押着这家油条铺。趁警卫不注意，冯仁恩他们派了两个人，假装解手，跑了出去，跳上一辆三轮车，把他们拉到了七贤庄八路军办事处。办事处的同志见到这两位同志，十分激动地说：“我们已经知道你们这批同志的情况，正在设法寻找搭救你们。你们来了，太好了！”办事处的同志让这两位同志速回去告诉大家，一齐行动，到火车站附近的一个岔路口，有车和人在那里接应大家。这两位同志回来一说情况，大家高兴极了。油条铺里有一堆劈柴，他们约好时间，每人抄起一根，把那两个警卫打昏，跑了出去。到路口，果然，八路军办事处的车已经停在那里。当天夜里，先把他们拉到一个粮库休息。第二天，冯仁恩到了办事处，就像走失多时的孩子终于回到了家，激动得直流泪。办事处为他们准备了一顿丰盛的晚宴。

梦呓：“柳林”“大锅”

冯仁恩到新四军五师之后，与日本兵第一次交锋是在1939年秋。当时，五师活动的主要地区是在鄂豫边区。日本兵和汉奸勾结，对抗日军民袭扰频繁，我们的活动受到很大限制。边区领导决定暂避敌人锋芒，从铁路东边的当谷山一带转移到铁路西边的四望山活动。就在特委机关和部队打点行装准备出发的时候，师长李先念从湖北的大悟专程赶来，对这次行动给予了许多具体的指示。李师长看机关带的行李较多，就指着两口大锅说：“我们是敌后抗日武装，机动性大，不要舍不得这些坛坛罐罐，给自己背‘包袱’，要轻装上阵。”

当天夜里，部队出发了。冯仁恩带着一个连担任前卫。到达东双河附近时，冯仁恩布置了警戒，准备掩护机关过铁路。因为这一带常有日军的军车、装甲巡逻车通过，必须高度警惕。谁知警戒还没布置好，就从北边开来了列车，与我们交上了火。打了一阵之后，列车开走了。冯仁恩估计，附近就是柳林，柳林的日军很快会赶来。他一面通知机关、部队迅速过铁路，一面在铁路两侧的高坡上布置了两个连，做好了战斗准备。果然，部队刚刚过完，就从柳林方向开来一列满载日军的敞篷车。敌人一进入我部射程，冯仁恩立即下令“开火”！我军居高临下，突然一齐开火，打了日军个措手不及，手榴弹像冰雹一样落到车厢里，日军顿时血肉横飞，乱作一团。一个叫王传熙的排长，是个老红军，爬上火车，端起枪，对着敌人猛烈扫射。由于车头被打坏，车开得很慢，就更有利于我们发挥火力优势。敌人被打蒙了，在我军密集的火力之下，连头都抬不起来，一个个趴在车厢里听天由命。敌人始终没敢停车，一直开进了东双河车站。天还不亮，敌人也不敢贸然追赶，发疯似的朝我军的方向盲目地打了一阵炮算完。战士们戏谑地说：“小日本真够意思，还鸣炮送行呢！”

三天后，从信阳传来消息，夜袭柳林日军列车的战斗，打死打伤日军三百多名。信阳车站上躺满了日本兵的尸体和伤兵。国民党军曾竭力形容日军如何有战斗力，说得神乎其神，这一仗，狠狠地煞了他们的威风，又一次打破了“日军不可战胜”的神话，大大鼓舞了抗日军民的士气。战斗结束后清点战场，我部无一人伤亡，只丢了那两口大锅。这就是中原一带广为传颂的柳林战斗。

梦呓：“大白马”

1941年秋，冯仁恩接到命令，调到重建不久的新四军五师十三旅三十八团担任团长。他带着一个地方团的部队，从信阳明家老湾出发，到五师师部大悟山报到。途中，在广（水）应（山）公路南侧的赵家湾休息时，应山县地下党的一个同志来报告说，最近每天拂晓都有日军的马车队从广水到应山城运送物资经过这里，敌人有一百多辆马车，四十多名武装日军护送。冯仁恩立即带人到村子里找群众进行调查，得到证实。冯仁恩想，决不能让敌人把这些物资运走，帮助他们去杀害我们的同志；再说，新四军经过皖南事变重建不久，这是个补充给养的好机会，到嘴边的肥肉，不能让它掉了，劫车队！冯仁恩把团参谋长朱坊同志找来，研究了具体的打法。因冯仁恩要赶到师部去报到，另有任务，就给朱坊留下了两个连执行劫车队的任务。临走前一再叮嘱这些物资能运走的全部运走，实在运不走就烧掉，决不给敌人留下一发子弹，一片布！

冯仁恩一到大悟山，李先念师长劈头就问：“你是不是在广应公路留部队打仗了？”冯仁恩很惊讶，问：“你怎么知道的？”李师长哈哈大笑，说：“你们打的是日军第三师团运输队，影响很大，消息传得很快，国民党的电台已经广播了，延安刚才发电报来询问这件事。”朱坊同志回来后，非常高兴地汇报了战斗经过，对冯仁恩说：“你走后，我按计划派了一个连的兵力埋伏在石堰坡担任主攻，又派一个连的兵力埋伏在龙兴沟的两侧山上准备打援和截逃。当太阳升起，敌人的运输队走到九眼桥时，我们发起猛攻，不到两个小时，就把四十多个日军消灭了，民夫们也都趁机跑了。这一仗打得相当漂亮，日军运输队被全歼，一百多辆马车的枪支弹药、药品、医疗器械、被服、马匹全部被缴获，我们发了个大‘洋财’！敌人的增援部队赶来时，公路上只剩下日本鬼子的尸体了，而我方只有一名通信员的头皮被子弹擦了一下。第二天，应山县城开来了两辆日寇汽车，在九眼桥杀害了两名无辜的群众，算是一个报复。”

朱坊同志把缴获日军的一匹东洋大白马送给了冯仁恩。冯仁恩又把它送给了李先念师长。师长开了一阵玩笑，便愉快地收下了。这次战斗对敌人打击很大。运输线中断了。当地的许多群众目睹了这次战斗，新四军伏击日军运输队的事迹广为传颂。

梦呓："鸿门宴，这是鸿门宴！"

余镜清是国民党信阳县一个区的区长，是地方武装的头子，也是一个“反共”老手。他在我们部队活动的南王岗附近的小庙建了一个据点，派驻了一个中队，有七八十人。他们监视我们部队的活动，并向日本人报告，还趁夜间敲诈群众，抢劫“跑反”的难民，闹得人心惶惶，成了我们活动的极大障碍。有一天，我部得到情报说，这个据点的中队长在余镜清的指使下，投降日军当了汉奸，日军给他颁发了委任状。于是，特委决定让冯仁恩带一个中队去拔掉这颗“钉子”。战士们早就对这些家伙恨得咬牙切齿，听到这个消息高兴极了，迅速做好了战斗准备。战斗从清晨打响，只用了一个多小时就将敌人击溃。敌中队长想从后门逃跑，却不想刚出门就当了俘虏。打扫战场时从敌人宿舍和仓库搜出了日军给中队长的委任状、太阳旗以及大批从群众那里抢来的被装、衣物。大约10时，冯仁恩一行正准备押解俘虏撤离的时候，余镜清派十八大队大队长许古希带着四五个警卫闯了进来，气势汹汹地质问：“你们为什么打我们的人？”“我们打的是投降日本的伪军，你们是伪军嘛！”“有什么证明？你们这是破坏抗日统一战线！”冯仁恩把委任状、太阳旗“啪”地摔在他面前：“是谁破坏抗日民族统一战线，看吧！”许古希傻眼了，一时张口结舌，无言以对，接着便要起了无赖，要挟说：“不管怎么说，不把人交出来，一切后果由你们负责！”说着指了指四面山上，扭头就走。原来，他们已经将我们团团包围了。冯仁恩气极了，大喝一声：“站住！想打吗？告诉你，别看你们人多，我们不怕！你要想仔细，你们的中队长舒某某勾结日寇，投降卖国，证据确凿，理应严惩不贷，你还要出面包庇，你站在哪一边？你还想打，这是明目张胆地破坏抗日，如果

李先念

你再胡闹下去，一切责任要你承担！”许的威风完全被压下去了，立即换了一副嘴脸，满脸堆笑，说起好话来。

余镜清丢兵折将，又是哑巴吃黄连，有苦说不出，就想了一条毒计，精心策划了一幕“鸿门宴”。

1939年底的一天，余镜清在西河村宴请我军四望山根据地的主要领导人。冯仁恩当时是地委军事部部长，是敌人的眼中钉，当然也在邀请之列。余镜清手枪队的一个队员是我们的内线，送来情报说，这是余的一个阴谋，企图在宴席间将我方主要领导人全部干掉，一网打尽。动手信号是上一道什么菜。当时，国民党的官员和开明人士，为了表示与我们共同抗日的诚意，经常请我们吃饭，我们有时也回请。但这次是什么样的宴席呀，去不去呢？去，无疑要冒很大的风险；不去，余肯定会抓住这件事大做文章，说我们没有合作的诚意，瞧不起他们。为了挫败敌人的阴谋，经过研究，决定应约赴宴。由冯仁恩同志负责安全保卫工作，做好充分的应急准备。到了那天，冯仁恩带着几十名精心挑选的战士，随同地委书记刘子厚，地委其他领导人张裕生、王光力、文敏生等前去赴宴，每个人的手枪都压满子弹，上了“红膛”，并在西河村四面山上部署了部队，约定枪响为号，下山接应。

宴会在村中的三间北屋举行。按冯仁恩的部署，我们的战士控制了门口、窗口和一切通道，密切注视敌人手枪队的举动。没有冯仁恩的命令，谁也不许擅自离开。对方出席的有余镜清、伪县长马显扬等五人，双方交叉入座，共摆了两桌。冯仁恩与余镜清同桌，坐在了他对面，打算一有情况，先干掉他。

宴席相当丰盛，有三十多样菜，鸡鱼肉肘、山珍海味，应有尽有。对方频频举杯敬酒，大讲什么“精诚团结，齐心抗日”的骗人鬼话。刘子厚同志侃侃而谈，不时发出敞亮的大笑。表面上看，美酒佳肴，宾主谈笑风生，气氛十分热烈，其实每个人心里都像是揣着一团火。冯仁恩更是焦虑不安，食而不知其味，组织上把保护首长安全的重任交给了他。他们都是党和人民的宝贵财富，如果有半点差池，怎么向党和人民交代呢？冯仁恩下定决心，就是自己牺牲了，也要保卫首长的安全，坚决完成组织上交给的任务。余镜清心里清楚，冯仁恩是带兵打仗的，一定要先把他拿下，便竭力向冯仁恩劝酒。冯仁恩婉言谢绝，说从来不喝酒。余又“热情”地安排我们的战士去伙房吃饭，战士们都说吃过了，谁也不动。为了防止敌人下毒，他们的筷子往哪里伸，我们的筷子也往哪里伸，他们不先吃的菜，我们坚决不动。余镜清看出我们来者不善，早有准备，一直没敢动手。席间他到伙房去了两次，大概是去吩咐撤掉那盘“信号菜”吧！酒足饭饱之后，余镜清说了些客套话，刘子厚同志擦了把脸，一语双关地回答：“感谢你们的盛情款待，我还从来没有吃过这么有味道的饭菜。”说完哈哈大笑，率领我方人员扬长而去。

梦呓：“豆浆”“回碗”“屋里的”

1941年2月，新四军五师三十八团团长冯仁恩在商城、箭场河一带消灭了国民党“四游击”的一两千人之后，拂晓时，带领部队在张店休息。冯仁恩带着警卫员到街上转了转，看见有一家豆腐店正在卖新磨出来的热豆浆，便走过去买了两碗，正喝着，发现豆腐店的老

板直朝着自己看，过了一会儿便说："这位首长，听口音你家离这儿不远，我好像见过你，你原先是不是在倪志亮的部队干过啊？""你是？""我就是那个部队的，后来腿打伤了就回了家，再没出去。我好想你们……"说着说着就流泪了。冯仁恩跟他聊了一会儿，听他说部队上的那些事儿都对，也很动感情，知道他虽回了家，但心没变，就把家里的地址告诉他，请他悄悄地去给家里的大哥、二哥捎个信儿到张店来见一面。冯仁恩从1929年参加红军后，十几年没跟家里联系过。到五师以后，虽然常到家乡这一带打仗，也没有机会回家。部队要在张店休整几天，是个机会，他想请豆腐店老板先去探探情况再说。老板见部队的首长信任他，非常高兴，把店门一关，就一拐一拐地走了。天刚黑，冯仁恩的大哥、二哥就到了张店，见到老三冯仁恩还活着，直流泪，说敌人曾悬赏要冯仁恩的人头，父亲已经被逼死了，家里人非常惦念老三，不知是死是活。家里人好想他，希望他最好能回趟家看看。冯仁恩说："我跟组织上报告一下，你们先回去，不要声张，只跟家里的人打个招呼就行了。"冯仁恩向组织上汇报了情况，组织上同意他回家看看。第二天，他便带着杜威和一个营的队伍，回到了阔别十几年的家乡湖北麻城林店区冯家寨。

当时杜威跟冯仁恩结婚还不到十个月。杜威原先是信阳市的学生，1938年参加革命，到五师时刚二十岁，身材苗条，肤色白皙，最夺人眼球的是那双大而明亮的眼睛，又年轻又漂亮。冯仁恩当时已近三十岁，尚未结婚，整天打仗，也顾不上这事儿。刘子厚的爱人刘东和陈彤琛等几个大姐就商量给他成个家。在新来的这批学生中，大姐们一眼就看中了杜威。把她找来，问她想不想结婚。杜威一下子红了脸，连连摇头："我是来打鬼子的，怎么能结婚呢？"大姐们笑了，说："打鬼子和结婚也不矛盾啊？给你找个打鬼子的英雄，你们可以一起打鬼子呀！"一下子把杜威说懵了。"谁是打鬼子的英雄啊？""冯团长呀，他是老红军，有战斗经验，忠诚，可靠……"杜威一个人拗不过几个大姐，只好点了头。刘东把这事儿跟刘子厚一说，刘子厚非常赞成，在结婚报告上批了四十大洋，让连以上干部都来参加婚礼，一齐热闹热闹。冯仁恩刚从前方打了胜仗回来，还以为是庆功酒呢，没想到是自己的喜酒，迷迷糊糊地就当上了新郎官。

在离冯家寨不远的常岭岗，冯仁恩和杜威下了马，把队伍安排在周围的山上担任警戒，只带一个连牵着马进了村。

"冯家的老三回来了，骑着马，还带着一个漂亮的媳妇！"村里人一下子传开了，纷纷围了上来。一个四十多岁的女人从人群中挤过来，一把抱住了仁恩和杜威，喊了一声"梅娃"便泣不成声了。冯仁恩也流下热泪，让杜威喊"大姐"。杜威立即抱着大姐喊了一声。杜威知道，仁恩兄弟三个，只有这一个姐姐。母亲去世早，仁恩从小就跟着姐姐长大，跟姐姐感情最深。有一回，仁恩跟姐姐出去要饭，被地主的狗咬伤了昏死过去，被人抬回家，姐姐哭得死去活来，直到三弟醒过来。

"我没有想到老三还有今天，还能娶上你这样儿的好媳妇！都当他不在了啊！"说得杜威心里酸酸地也泪珠不断。

在村头的两道桥上，冯仁恩停住了。

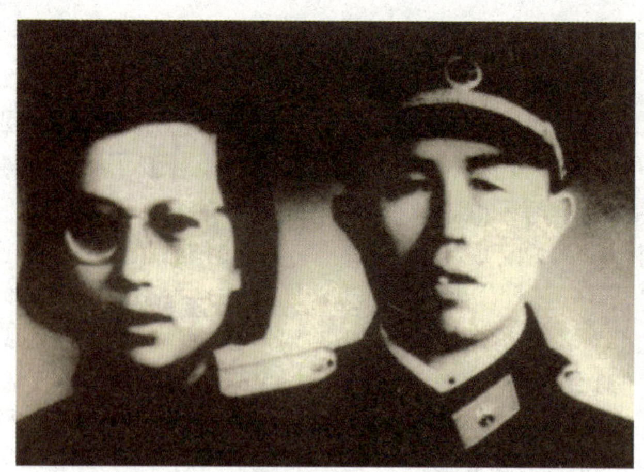

冯仁恩和杜威

他从乡亲手里接过三杯酒，洒在地上。乡亲们顿时静默了。冯仁恩对杜威说：“这就是两道桥。十几年前刘文玉、邓天文、蔡新坊三位烈士就是在这里英勇就义的。我亲眼看着他们被敌人杀害，临死前高呼：‘革命不怕死！怕死不革命！老子二十年后又是一条好汉！共产党万岁！’刘文玉是当时麻城的县委书记。蔡新坊的未婚妻就在人群中，当场晕了过去。”杜威知道，就是从那一天起，冯仁恩的心里埋下了一颗火种，在以后的斗争生涯中，“革命不怕死，怕死不革命”成了冯仁恩的一个信条。

他们在家乡住了三天。冯仁恩带杜威去看望了一起出来参加革命的邓岳的老母亲和陈明池的家人。邓、陈两家与冯家都是亲戚。在延安抗大分手时，三人曾相约，如有谁能活着回家，一定去代为看望家中亲人。冯仁恩分别给他们家里留下了一点粮食和银圆。一位外村的老太太听说仁恩回来了，专程赶来打听她儿子的下落。冯仁恩在过草地时还见过他，后来听说他没能走出来。冯仁恩扶着老人，不忍心把真情告诉老人，只说在草地见过他，以后没有再见，让老人怀着一个希望安度晚年吧！

梦呓：“主力来了！”

1948年，渤海军区司令员许世友把三分区副司令冯仁恩找来，问他打广饶有没有把握。冯仁恩想了想说：“没问题！”许世友知道冯仁恩是老红军，有作战经验，决定把打广饶城的任务交给他。

冯仁恩制定了作战方案，带着分区十六团、寿光独立团和一个警卫营约两千人，于黄昏时包围了广饶城。国民党徐进东纠集了一批土匪、流氓、杂牌军等五千余人驻守在城里。冯仁恩派寿光独立团包围了东、南、北三个城门，让独立营担任第二梯队，十六团担任主攻。天一黑，就用火力猛攻西门，城门打开，十六团冲了进去，与徐进东的队伍展开了激烈的巷战。徐进东用重兵夺回西门，使城里的十六团遇到极大的困难，渐渐被压缩到几条街内，里面的人出不来，外面的人进不去，正僵持着。有个

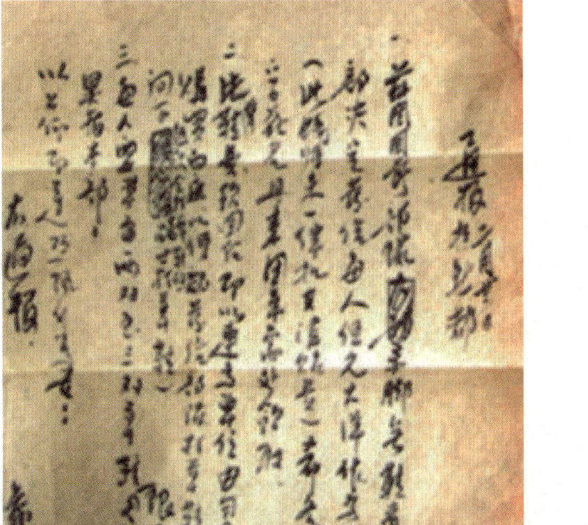

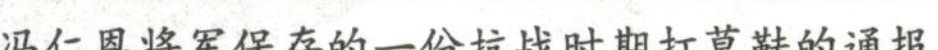
冯仁恩将军保存的一份抗战时期打草鞋的通报

别领导提出："看来今晚打不下来了，撤吧！"冯仁恩一听就火了："不能撤！谁说撤我先撤了他！现在到了关键时刻了，火力掩护，独立营，跟我上！"说完他带着一个连在火力掩护下，冲上西门城墙，在城墙上大声喊："徐进东，快投降吧，缴枪不杀，冲啊！"冯仁恩是湖北人，城里的敌人一听口音，吃了一惊，立即乱了阵脚，纷纷逃窜。十六团的战士一听冯仁恩的声音，士气大振，大喊："冯副司令进来了，我们的队伍进来了，快去接应！"猛地反攻杀了出去。逃窜的敌人在东、南、北门正撞在寿光独立团的枪口上，一时间内外夹攻，火光冲天，把半个天都烧红了。拂晓时分，战斗胜利结束，我们仅伤亡二十多人，歼敌俘敌近五千人。这一仗打得很艰苦，但也干净利索，受到了上级的表扬。冯仁恩被提升为三分区司令员。

（本文选自《我们的父母》，本文作者系冯仁恩和杜威的女儿）

一代名将血洒太行山

文／左太北

左 权

左权（1905—1942年），湖南醴陵人。1924年入黄埔军校学习。1925年加入中国共产党，同年12月赴苏联学习。1930年回国后到中央苏区工作，先后任中国工农红军学校第一分校教育长、红新十二军军长、红五军团十五军军长兼政委、中革军委一局局长、红一军团参谋长等职，参加了中央苏区历次反“围剿”作战。1934年10月参加长征，并参与指挥强渡大渡河、攻打腊子口，以及直罗镇、东征等著名战役战斗。1936年5月，任红一军团代理军团长。全面抗战爆发后，担任八路军副参谋长、八路军前方总部参谋长，协助朱德、彭德怀指挥八路军开赴华北抗日前线，开展敌后游击战争，粉碎日军多次残酷“扫荡”，威震敌后。1940年秋，协助彭德怀指挥著名的百团大战。1942年5月25日，在十字岭战斗中壮烈殉国，时年三十七岁。

抱“吃草”决心率八路军东渡黄河

1905年，父亲左权生于湖南醴陵一个农民家庭。1915年袁世凯签署丧权辱国的“二十一条”，当时还在读小学的父亲就奋笔疾书“莫忘五·九国耻”“五月九，忆国仇”等标语，组织同学四处张贴。

1923年，父亲考入广州陆军讲武学校，1924年8月转入黄埔军校第一期第六队，1925年2月加入中国共产党。因表现优秀，他被选派到苏联学习，先入中山大学，后毕业于苏联伏龙芝军事学院。留苏学习的四年半，他掌握了丰富的军事理论知识。从苏联回国后，在中央苏区的反“围剿”作战、西安事变前的陕北山城堡战役、抗日战争中的百团大战、黄崖洞保卫战等重大战役中，他都表现出卓越的指挥才能。

父亲在抗日战争全面爆发后受命为八路军副参谋长。1937年12月，他给奶奶写了一封家信。信上说：“亡国灭种惨祸，已临近到每一个中国人民的头上……我军将士都有一个决心，为了国家民族的利益，过去没有一个铜板，现在仍然没有一个铜板，过去吃草，现在准备还吃草。”他抱着这样的决心随朱德总司令率八路军东渡黄河，创建敌后抗日根据地，迅速发展和壮大了人民抗日武装力量。

打击侵略者昼夜处理战事情报

八路军总司令部的日常工作，大都由父亲主持。著名作家刘白羽在1942年的纪念文章中写道：“在这掌握半个中国战场的八路军总指挥部里，左权同志的的确确是最繁忙的人。除了重大的事由朱总司令决定之外，一般工作都由他处理……总司令部作战科的工作是最紧张的，在那里面工作的同志，可以说都是左权同志的助手，他们轮流三天值一次夜班，而左权同志要天天值夜班……我总看见他在忙碌着，每天一直办公到夜深，情况紧张的时候，要到十二点钟，才算处理完毕这一天的工作……他得到战场上全部情况的电报，然后发下电报去部署、指示。”

父亲不仅是实战家，更是理论家。他撰写了《论坚持华北抗战》《论目前华北战局》《国内军事动态述评》《扫荡与反扫荡》《伏击战术》《开展反对敌人蚕食政策的斗争》等四十多篇著作，共计二十余万字。这些文章，对八路军如何适应敌后作战的形势，顺利地转入游击战争，具有很大的推动作用。父亲还组织总部巡视团到冀南、冀鲁豫等敌后根据地，组织部队开办短期集训班，传播、交流经验，培养抗日干部，研究总结抗日战争经验，以便更有效地抗击日军。

为国舍小家十一封家书寄托深情

我两岁时父亲就牺牲了，我对父亲最初的印象只有那张父母抱着我的全家福。那是1940年8月，百团大战已经开始，母亲刘志兰带着刚刚出生三个月的我，在返回延安前与父亲合拍了一张照片。这竟是母亲和我与父亲永别的留念，也是我们一家唯一的合影。后来，母亲将她珍藏的1940年至1942年间父亲写给她的十一封信转交给我。

母亲原来是北京的学生，为了不当亡国奴，1937年10月到了延安。1939年2月，她被派到太行山工作并结识了我父亲，他们于4月16日在八路军总部结婚。当时父亲三十四岁，母亲二十二岁。婚后，母亲在太行山区做妇女抗日救亡工作。

红军时期，左权（后排左三）同罗瑞卿（后排左一）、聂荣臻（后排左二）等在一起

左权和妻子

左权协助彭德怀领导百团大战

左权将军使用的转轮手枪

我出生于1940年5月。父亲三十五岁喜得千金十分欣喜，但整天忙于军务，就连我出生，他也没时间来看我。后来，他将我们母女从医院接回总部驻地，只能在深夜享受片刻的天伦之乐。

我出生还不足一百天，百团大战就开始了，父亲工作异常繁忙，考虑到母亲和我随总部机关行动很不方便，就同意母亲带我于1940年8月底回延安。在此之后的二十一个月里，父亲在百忙中，给母亲写了十一封信。

那段时间正是抗日战争最严酷的阶段，敌人对八路军实行严密的经济封锁，食盐卖到五元钱一斤。父亲过去抽烟很厉害，津贴连买烟都不够。自从有了我，他把每月的五元钱津贴和稿费都攒起来，方便时就托人带到延安。他还惦记着我的衣食冷暖，只要想到的，他都托人带给母亲。

直到父亲牺牲的前两天，他还在油灯下给母亲写信。就是在这最后的一封信里父亲对母亲说："我虽如此爱太北，但如时局有变，你可大胆地按情处理太北的问题（寄养在其他同志或群众家中均可），不必顾及我……"再联想到信中父亲曾写道："不要忘记教育小太北学习喊爸爸。慢慢地让她懂得，她的爸爸在遥远的华北与敌寇战斗着。"这就是抗日战争中一个家庭的亲情。为了全力以赴抗击敌人，再亲的夫妻之情，再亲的父母儿女之情都只能舍弃。

破"铁壁合围"英雄鲜血浸透山冈

2001年4月，我和刘伯承之子刘太行与山西电视台的同志们一起，寻访了父亲抗战期间战斗、生活并最后牺牲的地方。

我们到了潞城北村的八路军总部旧地。1938年至1939年，八路军总部曾经在这里驻扎了二百六十八天。在这期间，朱德总司令、彭德怀副总司令和我的父亲左权副参谋长指挥我军胜利粉碎了日军企图全歼山西境内中国军队的"十一路围攻"、两次"九路围攻"。也是在这个地方，我的父母喜结良缘，朱老总、杨尚昆、傅钟、陆定一等首长都参加了他们的婚礼。

黄崖洞兵工厂旧址是父亲亲自勘查、选址的。当年，为了贯彻中共扩大的六届六中全会关于"必须在大后方建立可靠的军事工厂"的精神，父亲率领干部、战士和民工攀崖越岭，担土挑石，搬运机器，仅用了半年时间便建成了年产量可装备十六个团的八路军抗战初期数一数二的兵工厂。1941年11月，他亲自指挥了黄崖洞保卫战，击退了日军三十六师团五千多兵力的进攻，保卫了兵工厂。中央军委曾赞誉：黄崖洞保卫战“应作为1941年以来反‘扫荡’的模范战斗”。

在父亲最后殉国的地点左权县麻田十字岭，我站在高高的山顶上，那悲壮惨烈的最后一仗仿佛电影画面般在我脑海闪现：

1942年5月，在太行山“扫荡”多次，一直没有找到八路军总部的日军，组成专门刺杀总部首长、捣乱我军首脑机关的“特别挺进杀人队”。日军集结了三万多兵力，采取“铁壁合围”战术。父亲和彭副总司令慎重商量后，决定将八路军主力转移到外线，准备反“扫荡”作战。转移中，被日军飞机发现，情况十分危急。中共中央北方局、八路军总司令部等机构由父亲率领向西北方向突围。他一面命令部队凭借有利地形坚决阻击敌人，一面让警卫部队掩护彭总突围，自己则冒着敌人猛烈的炮火，继续指挥人员转移。当大部分人冲过山口后，父亲检查队伍时发现担着机要文件箱的同志没有跟上，立即命令身边警卫员回去找，保证文件安全运出。

就在几千人即将转危为安时，一发炮弹袭来，父亲高声呼喊着：“同志们，卧倒！”接着又是第二发炮弹，父亲身上多处中了弹片。“铁壁合围”的战术破产了，他却倒在几步即可翻过的山梁上。

这是浸透了父亲鲜血的土地，我在山顶独自漫步，仿佛父亲就在身边。他与太行山融为一体，化成一座捍卫祖国山河的铁壁铜墙。

（本文选自《北方周末报》）

我的新四军母亲——陈模

文 / 刘晓星

陈 模

陈模，我的母亲，她是新四军早期入伍的女兵，一入伍，“新四军”这个朴实、亲切、伟大的名字就深入她心中，她在新四军中成长，成家，并一直以铁军精神勉励自己，教育后代。我为母亲骄傲，我为母亲自豪。

初露锋芒

母亲于1920年农历三月十九出生于江苏丹阳。六岁上私塾，七岁上小学（丹阳私立正则女子职业中学附小）。她从小聪明，口齿伶俐，学习优秀，名列前茅，曾获得丹阳县演讲比赛的奖杯。小学毕业后，考取江苏省立苏州女子师范附中。第二学期时，教导主任孙起孟先生领导学生闹学潮，反对校长陈淑损公肥私，挪用教学用款等罪状。学潮胜利了，校长被罢免了。但是，孙起孟先生和吴博等几位同学却被开除了。孙老师还被驱逐出江苏省。这件事给我的母亲留下了深刻的印象。孙老师待人和善，处事正直，有正义感，从不摆架子，一心为学生，一心为教学。我母亲不理解，为什么学潮胜利了，这么好的老师却被开除了？

1936年12月，西安事变时，全国都不平静，学生自治会召开代表会，讨论如何处理蒋介石的问题。我母亲慷慨激昂，直抒自己的看法，赞同杀掉蒋介石。初中毕业后，母亲考取本校高师。抗日战争全面爆发后，她曾报名参加抗日救亡队，可惜没有去成。后来，苏州沦陷。1937年12月，丹阳被炸，大火烧了好几天。她们逃难到延陵镇。母亲暂住在徐朗如先生家中，并给他家当小保姆。任务是抱小孩，洗尿布。这样的日子没有维持多久，徐先生就不得不把我母亲送走了。原因是当地有个有钱有势的豪绅潘家，潘家的儿子在苏州中学上学。母亲在苏州女师上学时，是苏州女师学校的旗手，有时是乐队的大鼓手。可能他认识我母亲，潘家就托媒到徐朗如先生家说亲。并且放风，先礼后兵，同意的话，好说，花轿迎娶；不同意的话，就抢亲。徐先生很害怕。兵荒马乱中，他看见从城市逃难的许多女学生被乡下豪绅抢了亲。母亲得知后坦然说："你们不要害怕，我只有一条命，和他们拼了。如被抢去，我砸他的锅，放他的火，宁可一死，也不嫁他。"他们听后十分敬佩，夸奖我母亲："想不到三丫头（排行老三）这么有骨气，厉害，厉害。"但徐先生考虑到万一真出了事，他担当不起，所以就把我母亲送走了。

当新四军去

1938年6月22日，新四军在延陵镇召开群众大会。一支队司令陈毅亲自动员。他激昂地说："现在中华民族已处在生死存亡的关头，日本鬼子已打到我们的家门口，我们坚决不作亡国奴，有志的青年男女，积极行动起来，抗日打鬼子！"母亲听后热血沸腾，决心参加新四军。6月底的一天，母亲告诉外婆说："我找到工作了，是在宝堰当小学老师。"外婆给了母亲三元钱。母亲在芳仙桥住了一夜。第二天就和孙铁流、孙健、王捷三个女同学从延陵出发，一路上，她们风尘仆仆走了许多路，7月初，在夕阳西下的时候才到了茅山宝堰附近的一支队司令部驻地，荣幸地在陈毅麾下当了女兵。那年她十八岁，是新四军第一批女兵之一。

至今，我母亲清楚地记得当兵的第一天和以后的日日夜夜。

她们到茅山宝堰附近的一支队司令部驻地时，部队已集合好了，正等待出发，陈司令看见了四名要当兵的女孩子，面带笑容走过来。母亲立正说："陈司令，我们是来当兵的。"陈司令说："好嘛，要当兵，欢迎。"他仔细看了这几个带点稚气的十七八岁的女学生，便严肃地说："当兵可不是闹着玩的，干革命要不怕苦、不怕死，你们行吗？"母亲说："不怕死，怕死就不来了。"陈司令听后哈哈大笑说："要得，收下你们四个女兵，不过，今天连饭都没得给你们吃啊，部队已集合好了，马上要出发。"说完，他又亲切地问："你们今天已走了一天路，现在又要饿着肚子接着走，能行吗？"姑娘们虽然很累，但很怕不要他们，就坚定地说："行。"陈司令听后，和蔼地说："你们当兵的第一天就得经受'行军关''饥饿关'的考验了。"这一天，走到深夜才宿营。虽然筋疲力尽，但母亲她们心里却甜丝丝的，因为她们

荣幸地在陈毅麾下当了女兵。

为了培养教育这些新兵，陈司令和政治部主任刘炎亲自给新入伍的女兵们上课，陈司令讲军事和抗日民族统一战线。有一次，他说："当兵单凭勇敢蛮干不行，要用智谋，战斗中，要学会利用地形、地物，掩护自己消灭敌人，"又说，"一个革命军人，要宁死不屈，决不能投降当俘虏。"他的教导，母亲牢记心中。

初遭敌情

9月10日晚，司令部移驻前隍村。次日清晨，尚未吃早餐便发现敌情。陈司令立即命令司政机关，迅速撤退。刚出村不久，就远远地看见东面和北面都出现了敌人，母亲说："不好，我们被鬼子包围了。"话音刚落，就"嗒嗒嗒"地响起机枪声，接着枪声炮声四起，母亲遵照陈司令的教导，立即卧倒。待枪声稍停，马上爬起来，弯着腰，贴着东面的土埂往前跑。"哎哟"一声，王捷身上流了血，跌倒了，接着孙健也扑通一声，栽倒在地，脸上往下流血，母亲扶着她俩到前面不远处密密的竹林内隐蔽，周围的枪声渐渐地稀疏了，她们估计战斗快结束了，不料忽然传来了"叽里呱啦"的说话声和"嚓嚓"的皮鞋声，并向她们靠近，母亲对孙健、王捷说："我们宁死绝不能当俘虏，鬼子来时，就装死，千万不要出声，不要动，即便刺刀插进胸膛也不叫一声。"母亲从地上抓了几把沾血的土，涂在自己脸上、身上，脸朝下躺在地上。日伪军进入竹林后，用脚踢了踢母亲三人。母亲屏住呼吸，紧闭双眼，一动不动，另两个也不出声，敌人一边走出竹林，一边说："三个姑娘都完了。"

敌人走后，母亲将背包内的床单撕成三寸宽的布条，替她俩包扎好伤口。孙铁流循着血迹，找进竹林，一位老乡随后跟进来，说："山脚下还有一个男的被打伤了，前面稻田内还有几个伤员。"母亲去看后，请老乡把他们抬进村去。

母亲想去找部队，但决不能丢下伤员，只能原地等待。母亲坚信，首长一定会派人来找她们的。她走到村外一个高地上，四下观望，太阳快下山时，看见卫生处处长王聿先头戴草帽，身穿白上衣，匆匆走来。

母亲飞快地跑过去，紧紧握住他的手。王处长说："敌人多路包围，部队突围冲出去了。陈司令没有看见你们，放心不下，就怕你们被鬼子捉去带到丹阳城内游街示众，那就糟了。所以又调来部队，把敌人打退了。战斗一结束，就派我出来找你们。"他进村看了看伤员说："准备三副担架，晚上派人来接你们。"

天黑后，走了两个多小时，在月光下看到部队坐在地上休息。陈司令走过来，同母亲和同志们亲切握手说："你们辛苦了，表现得很好，现在情况紧张，伤员不便随部队行动，陈模、孙铁流留下，和王处长一起看护伤员。"说完，就带部队出发了。当晚，战士们住在一个空洞洞的破庙内，什么也没有，只好向老乡借了些稻草，铺在地上，和衣而睡。秋天的夜晚，寒风劲吹，母亲一天没有吃饭喝水，第一次尝到饥寒交迫的滋味，也深刻地体会到陈司令说的"干革命要不怕苦、不怕死"的深意。

第二天晚上，母亲躺在地铺上，思念着部队的战友，久久不寐，忽然听到"咚咚"的敲门声，母亲问："谁呀？"

陈模的丈夫刘炎

楚青、罗伊、陈模（从左至右）在新四军江南指挥部大门口

门外传来“小鬼，快开门”的熟悉声音，母亲高兴得跳起来，跑去开门，陈司令和刘炎主任微笑着走进庙来，亲切地问伤痛不痛、想不想家，又说：“这次敌人‘扫荡’小华山地区，出兵十三路合围我司、政机关，看来宝堰蹲不住了，主力决定暂时向南转移，伤员仍然留下来，由王处长和你们两个照料，以后我还会来看你们的。”说毕，陈司令和刘主任出了庙门骑上战马，踏上新的征途。陈毅司令肩负着开辟江南敌后战场的战略重任，在敌情严峻，军情紧迫之间，还两次专程来看望几个入伍不久的新兵，此情此景，使母亲终生难忘，陈毅说的“干革命要不怕苦、不怕死”，数十年来，母亲一直铭记心中。

光荣入党

1938年10月，陈司令派母亲护送孙健回丹阳城内家中休养。两天后，敌工科科长邱东平来接母亲去一支队服务团。团长吴仲超是老党员，经过考察后，认为母亲表现出色，就启发和鼓励母亲申请入党，并愿作母亲的入党介绍人。10月下旬的一天，母亲和其他申请入党的同志一起，在庄严的党旗下举起右手大声宣誓。当时司令部设在江苏省溧阳县水西村光裕祠堂，陈毅任指挥，粟裕任副指挥。第一次见到粟裕时，粟裕含笑与母亲、罗伊、楚青三人握手。

当时，人多住房少，房子不够住，粟裕同志亲自教她们搭草房子。他告诉她们利用祠堂前面宽阔的走廊和粗大的圆形木柱子当骨架，先用竹竿、稻草编成一块块约三尺长、两尺多宽的长方形草块，再把这些草块搭起来，作为房子的墙壁，中间开一个小窗。她们三人精心制作，女同志心灵手巧，编得整整齐齐，草房搭好后，大家都很高兴，夸草房温暖、舒适又别致。粟裕同志说，这是他在三年游击战争中学到的本领。那时，他们在深山密林中就自己搭草棚住。这次草房搭好了，粟裕还特地为她们三人在草屋的窗口拍了一张照片留念。

粟裕待人和蔼可亲，但在军事训练和工作上，却要求很严格，每天起床号吹响后十分钟内，必须跑步到操场，他每天都是笑眯眯地第一个到操场，人到齐后，他亲自率领战士们和女兵跑步，然后进行队列训练和射击训练，有时还教战士和女兵练刺杀。冬天，寒风刺骨，有一天，母亲戴了手套出操，粟司令严肃地批评母亲，叫她把手套脱下来。训练举枪瞄准时，在他们举起的步枪的准星上，放一枚铜板，要求举枪两分钟，铜板不掉下来。他说：“平时多流汗，战时就少流血。”在他严格训练下战士们都练出了射击的好本领。在一次实弹射击中，母亲三发子弹，打中二十九环。得了优秀，陈毅司令拿着缴获的照相机给她们拍了照片，命名“打靶归来”。这张照片至今陈列在江南指挥部纪念馆内。

在牛棚内生下我

1940年初母亲任政治部宣教干事、组织干事。1940年4月4日，母亲与时任新四军江南指挥部政治部主任刘炎结婚。

1940年7月29日，新四军挺进纵队一举攻占了南控长江北接苏北平原的重镇黄桥。政治部少数人暂时在离黄桥十里左右的一个村庄待命。上午约10时，哨兵突然发现一股敌人正向驻地进发，双方立即交战，枪声大作。母亲、陆若勉带领七八个勤杂人员，拿起老乡的空煤油桶、钉耙、铁锹、锄头、脸盆、

张茜、罗伊、陈模、楚青（从左至右）打靶归来（陈毅摄于1940年春）

饭盒等能发出声音的物品，用力敲击助威，大声喊："冲呀！缴枪不杀！"就这样，齐心协力，与敌人对抗，打得很出色。驻守在附近的特务连，听到枪声，带上机枪赶来支援。两面夹击，不到十分钟，这股从黄桥逃出来的敌人就缴械投降了。陈毅司令员和钟期光副主任在黄桥镇内听到枪声，不知发生了什么事，钟期光亲自赶来看望，当钟期光听了母亲汇报后，表扬母亲等待命的政治部的同志们"打得机智勇敢"，还风趣地说："好呀！我们的女将，也锻炼出来了，能指挥打仗了。"黄桥决战后，母亲任新四军第一师政治部机关指导员。1942年，母亲参加华中党校第三期学习。

1943年2月2日，母亲临产。在旧社会当地的风俗，女人不能在老乡屋里生孩子，部队常行军打仗没有固定住处，只好在江苏南通天星镇一个农民的牛棚里暂住，就这样我来到世上。那时，腊月寒风，外面下大雪，牛棚里下小雪；外面下大雨，牛棚里下小雨。3月中旬，我刚满月不久，母亲便奉命护送邹韬奋先生去上海治病，为了完成这一艰险的任务，就把我寄养在一个贫苦农民家。

1996年6月中旬，邹家华副总理在土耳其伊斯坦布尔接见我的弟弟时为我母亲题词："向陈模同志表示敬意和谢意，当年送我父亲韬奋冲破日寇封锁回沪治病。"这一题词也给我们子女带来了光荣。

与女儿晓星团聚

1945年日本帝国主义投降后，新四军军部进驻淮安县城。母亲患风湿性腰椎炎瘫痪在床，她想：抗战胜利了，应该把1941年寄养在如皋高亚东家里的建华（我的姐姐）接回来了。于是便派警卫员王根毛同志去接。半个月后，王根毛同志抱回来了一个面黄肌瘦，鼓着大肚子，看上去只有一岁多的孩子，但身上却穿了一件绸披风。

母亲对王根毛同志说："你搞错了，这不是我的孩子！"王根毛同志笑着说："没有错！我到了东台，见到了管文蔚司令员。这里有他的信，你好好看看。"母亲急忙拆开信，管文蔚司令员在信中写

九十一岁的陈模

道："……日本鬼子刚投降，国民党反动派就想来摘胜利的果实。我们不得已，将苏中部分地区让给他们，那里的人民武装和地下党员都撤出来了。你1943年春寄养在南通天星镇附近群众家里的小女孩，我已让地下党员王剑宇同志带回来了。孩子一身是病，到我家时已奄奄一息。养了一个多月，才稍有好转。你寄养在如皋高亚东家里的那个小孩子暂时不要去找了。先把这个小孩带回去，好好治病，尽可能给她增加些营养。孩子身上穿的衣服，是我爱人张云同志做的……"

看完信，母亲如梦初醒，恍然大悟。原来，接回来的不是我姐，而是我。在党的关爱下，我终于回到了新四军的怀抱，否则，恐怕我早就不在人世了。

（选自《那一代人——我的父亲母亲》）

王必成——名扬大江南北

文/原南京军区司令部编研室

王必成将军

王必成（1912—1989年），祖籍湖北麻城。1928年参加当地赤卫队和中国共产主义青年团，1929年参加中国工农红军，1930年加入中国共产党。1955年被授予中将军衔，曾任南京军区副司令员和昆明军区司令员、武汉军区司令员等职。

说王必成名扬大江南北，是因为他在长江中下游两岸的广大地区征战时间长，业绩突出，名声远扬。1938年初，他从延安抗日军政大学毕业后，由中央军委总部分配到新四军，直到1945年9月抗日战争胜利，都在苏南、苏北等地征战。在陈毅、粟裕领导的新四军部队中，有一个“叶王陶”的称谓。有人开始以为“叶王陶”是一个人，后来才知道这是三位并肩作战的军事主官姓即叶（飞）、王（必成）、陶（勇）的连称。也许是历史的巧合，1939年，新四军苏南部队有三个主力团，叶飞、王必成、陶勇分任第六团、第二团、第四团团长；1940年，新四军苏北指挥部有三个纵队，他们分任第一纵队、第二纵队、第三纵队司令员；1941年，新四军第一师有三个旅，他们分任第一旅、第二旅、第三旅旅长。他们为民族解放和人民独立事业立下了卓越功绩，成为传奇人物并名扬大江南北。

为创建茅山抗日根据地浴血奋战

1938年春，王必成任新四军第一支队第二团参谋长，不久担任团长。第二团又称老二团，是由中央主力红军长征时留下分散在湘赣边、赣粤边、赣东北坚持三年游击战争的红军游击队编组起来的。6月，他率部随陈毅同志挺进苏南敌后，为创建茅山抗日根据地而浴血奋战。

在茅山建立抗日根据地，是毛泽东于1938年2月15日和5月4日给中央军委新四军分会书记项英和副书记陈毅的电报中提出的。电报指出“目前最有利于发展的地区还在江苏境内的茅山山脉”，要求新四军“在广德、苏州、镇江、南京、芜湖五区之间的广大地区创建根据地，发动民众的抗日斗争，组织民众武装，发展新的游击队”。王必成同志所在的第二团随陈毅于6月上旬来到茅山地区。

茅山原名句曲山，在江苏东南部，地跨句容、金坛、溧水、溧阳等县境，海拔二百米至三百米。它北眺长江，南瞻太湖，左挽宁沪铁路，右枕京杭国道，战略地位十分重要。王必成自皖南歙县岩寺编组，到与团长张正坤、政委刘培善一起率部东进，沿途听到了第一支队司令员陈毅的一系列指示。王必成将其概括成三句话：“寻机打击日军”“发动群众抗日”“发展壮大部队”。这三句话他一直牢记在心，并积极落实在行动上。

6月中旬起，第二团各营开始分散活动。王必成和刘培善带领第二营来到镇江以南一带活动，27日接到情报，驻镇江的日军将于28日向句容县运送军用物资。他们当即决定在镇（江）句（容）公路的竹子岗地区打伏击。28日凌晨，王必成同志带领第二营抵达竹子岗，在公路两侧占领有利地形，利用道路崎岖、林木茂盛作掩护，做好战斗准备。9时许，日军满载物资的六辆汽车从镇江方向开来。当日军车队驶入伏击圈时，王必成指挥第二营向日军车队猛烈开火。机步枪吐出火舌，手榴弹在敌车队中爆炸，日军车队立刻中弹起火，竹子岗上空浓烟滚滚。押运的士兵下车抵抗时多被击毙。战斗结束后，王必成料敌会来增援报复，迅速带领第二营向徐家边转移，准备再次伏击增援之敌。果然，当日中午，增援的三百多日军向徐家边冲来。王必成、刘培善指挥第二营分头予以迎击，激战三小时，又歼敌一部。

竹子岗伏击战，我军击毁日军汽车

六辆，毙伤日军二十余人，俘日军特务机关经理官明弦正南。这是第二团进入苏南敌后打的第一仗，并首开新四军俘获日军之例。胜利的喜讯报到军部，很快在江南大地传开。

此时，王必成指挥第二营继续在南京周围地区寻歼日军。7月10日，他们在南京至句容的新塘伏击日军车队，毙伤日军四十余人，击毁汽车两辆。30日，王必成等指挥第二营袭击宁沪铁路高资车站，歼日军十五人，俘“伪绥靖队”七十余人，缴长短枪十余支。8月2日，王必成等指挥第一营、第二营在韦岗、竹子岗附近，再次伏击由镇江开往句容满载日军二百多人的车队，歼其一部后迅速撤出战斗。

8月上旬，陈毅来到二团驻地，与张正坤、王必成分析形势时说：“日军在苏南遭到我们多次打击后，正忙于调整部署。我们如能再打几个胜仗，在南京附近打下个县城，将会产生更大的影响。”他们商量，为配合武汉保卫战的进行，进一步打开江南的抗战局面，决定攻打句容县城。陈毅同志将这个任务交给了二团。

句容县城位于南京东南四十五公里，距镇江、丹阳各四十公里，是三条公路的交会点，为京杭国道的重要交通枢纽。王必成作为攻城指挥，先查明了敌人的布防和地形，选准了主攻方向，主持制定了详细的作战方案。12日，攻城战斗打响。经三小时战斗，我军一举攻克句容县城，毙伤日伪军四十余人，消灭“伪自治会”人员六十余人，缴获一批武器弹药。这是新四军在江南第一次攻下一座县城，给南京、镇江日军造成很大震撼，并受到军部通报表扬。

一系列战斗的胜利使第二团坚决抗日、英勇善战、爱国爱民的形象在民众中开始树立起来。茅山地区的人民群众增强了抗战胜利的信心，从同情新四军发展到支持新四军。当地一些游击武装纷纷主动投奔新四军。游击区广大青年也踊跃参加新四军。

当时，国民党当局划定江南新四军的活动范围很小，使第一支队的处境越来越不利。陈毅同志对毛泽东同志“五四”指示中的战略构想“在茅山根据地大体建立起来之后，还应准备分兵一部进入苏州、镇江、吴淞三角地区去，再分兵一部渡江进入江北地区”牢记在胸，时常考虑由谁带队去宁沪铁路以东的澄（江阴）锡（无锡）虞（常熟）地区侦察最合适。经过几个月观察，陈毅同志认为有独立作战经验和政策水平的王必成同志去最合适。陈毅同志决定由王必成同志带领二团一营去路东地区实施战略侦察。陈毅同志向王必成同志交代了三项任务：一是侦察日伪军兵力分布情况，二是寻找上海党组织派出的人员，三是争取与梅光迪部取得联系。王必成同志当即表示：“请陈司令放心，坚决完成任务。”

9月中旬，王必成同志率二团一营由茅山出发，进抵宁沪铁路以东江阴西石桥等地进行战略侦察。那里除国民党特务武装忠义救国军和保安旅一部外，力量较大、靠茅山抗日根据地较近的有丹阳北部的丹阳游击纵队管文蔚部，还有江阴西乡的梅光迪部、东乡的朱松寿部。东进途中，王必成同志详细侦察日伪军的兵力分布情况，积极沟通中共澄锡工委和江南抗日游击队梅光迪部、苏浙人民抗日自卫军朱松寿部两支队伍与

江抗部队坚持水网地区战斗

王必成部补充战士

王必成（左二）与张震、李家益等合影

苏常游击区形成后，江抗部队指挥员的合影

新四军的联系。他还寻机出击，在澄锡公路青阳镇附近伏击日军车队，扩大了新四军的影响，于10月下旬返回茅山。随后，上海地下党组织派往梅光迪部工作的何克希同志到茅山向陈毅同志作了汇报。梅、朱两部根据陈毅同志的决策，分别到茅山进行短期整训。当年底，梅、朱两部编为江南人民抗日义勇军（简称“江抗”），随即开回路东地区。

1939年2月，时任二团团长的王必成同志根据陈毅同志指示，率部又连克东湾、延陵两个日伪据点。8日，我军夜袭东湾据点，全歼守敌，击毙日军中队长太田大尉以下七十九人，伤三十二人，缴获机枪三挺、步枪三十余支。17日，当年除夕之夜，王必成同志率部奔袭延陵据点，击毙日军小队长留木以下二十余人、伤八人、俘一人，歼伪军六十余人，缴获一批武器弹药。日军为寻机报复，调集两千人的日军、三千人的伪军，分兵八路，于3月7日向二团团部和一营驻地扑来。王必成同志临危不惧，坚决果断，当即命令第一连抢占白石山山头，坚决阻击敌人，保证团部、营部和第二连、第三连分路突围。一连指战员动作迅猛，比日伪军早三分钟抢占山顶有利地形，奋力抵抗。王必成同志指挥部队左冲右杀，经八小时激战，终于突出重围。一连在完成掩护任务后，也冲出日伪军的包围圈。此战我军共歼日伪军九十余人。

自3月起，陈毅同志领导苏南新四军加快了东进北上的步伐。王必成同志奉命率二团第一营、第三营向北发展，挺进扬中和江北大桥地区。4月上旬，他指挥部队会同管文蔚部，一举攻占扬中，全歼伪军一个团大部，接着又派一营北渡长江，控制大桥、新老洲等地，使扬中和大桥、新老洲成为新四军向北发展的大跳板。

9月8日，王必成同志奉命率二团第三营和团特务连前往东路，接应叶飞同志率领的“江抗”。途中，王必成同志获悉日军从常州出动一个大队到奔牛“扫荡”。他当即决定围点打援，指挥部队趁夜晚对援敌突然猛烈攻击，与敌展开白刃格斗。经三小时激战，毙伤日军大队长以下一百八十余人，击毁军车七辆，缴获一批武器弹药。

11月8日，从镇江西南宝埝据点出动日军一个加强中队一百多人，向丹阳九里镇、延陵地区“扫荡”。当日军进到九里镇西北贺甲村时，王必成同志根据支队规定，统一指挥第二团、新六团和丹阳独立支队等部，对该敌形成围攻。其间，从宝埝增援的日军八十多人赶到贺甲村，与“扫荡”之敌会合。王必成同志指挥第二团等部克服终日未餐、淋雨受凉的困难，对贺甲村之敌展开艰苦的攻坚战，并进行白刃格斗，终将武村大队长以下一百六十八人全部消灭，其中生俘三人，开创了江南敌后战场村落攻坚战歼敌的纪录，打出了新四军的威风，受到延安总部和新四军军部的通报表扬。

此后，江南人民群众称赞老二团为“老虎团”，称赞王必成同志为“王老虎”。数十年后，苏南地区一些老人在提起王必成同志和他指挥的老二团时，仍竖起大拇指，称赞“王老虎”和“老虎团”当年打日军的英雄业绩。

挺进苏北参与创建抗日根据地

1940年7月，陈毅同志、粟裕同志率新四军江南指挥部主力北渡长江，改

称苏北指挥部。部队改编为三个纵队九个团，共七千余人。王必成同志任第二纵队司令员。原第二团改称第四团。7月下旬，我军东进黄桥地区，参与创建苏北抗日根据地。

国民党江苏省主席兼鲁苏战区副总司令韩德勤为阻止新四军东进，于9月初派保安第九旅旅长张少华部进至姜堰建立据点，构筑了以三十六座碉堡为核心的防御工事，架设了电网，以严密封锁黄桥地区的粮食来源，给新四军和民众造成极大困难。为解决军粮民食，陈毅同志、粟裕同志指示王必成同志率部主攻姜堰。13日，战斗打响，突击队用大刀猛砍铁丝网，可大刀被电网吸住，不仅未砍断电网，还带来了伤亡。

王必成同志获悉后，立即赶到前沿，下令部队停止攻击，同时与突击连的勇士们一起研究破电网的办法。这时，有位从上海参军、曾当过工人的战士建议：橡皮能绝缘，可以用自行车内胎缠在刀把上，多缠几层，砍时就不会触电，只要铁丝一断，整个电网就会断电。王必成同志马上叫人找来自行车内胎，一试果然有效。突击连的勇士们用橡皮裹着刀把的马刀奋力砍断铁丝，猛扑进去，占领发电厂，切断电源，打开了突破口。王必成同志指挥突击连从碉堡的间隙中猛插，先是打掉敌保九旅旅部，后又从里向外打，内外夹击，在三纵的配合下，一举攻克姜堰，歼顽军两千多人，缴获大量武器和军用物资，为在黄桥地区的发展创造了条件。

同年10月初，韩德勤指挥三万人马进攻黄桥地区，妄图歼灭新四军部队。其主力第八十九军和独立第六旅共一万五千余人为中路军，从海安、曲塘一线进攻黄桥；苏鲁皖边游击军李明扬部和税警总团陈泰运部约一万两千人为右路军，五个保安旅为左路军，向黄桥两翼夹击。陈毅同志、粟裕同志认为这次反摩擦的自卫反击战不可避免，决定集中主力，采取诱其深入、各个击破的战法，于运动中歼灭其中路韩部，部署：第三纵队坚守黄桥；第一纵队和第二纵队隐蔽集结于黄桥西北地区，作为突击力量；争取右路军李明扬、陈泰运部保持中立。

10月3日，王必成同志率第二纵队进入指定位置待机，以一个团担任正面阻击，诱敌深入。4日拂晓战斗打响。韩部第八十九军三十三师直扑黄桥东北前沿阵地，一部突入东门。陶勇同志指挥三纵顽强反击，将其击退。当独六旅先头部队进距黄桥三公里处时，王必成同志指挥二纵会同叶飞同志指挥的一纵从西向东横扫，将行进至高桥以南地区的独六旅截成数段。陶勇同志指挥三纵与顽三十三师激战。叶飞同志指挥第一纵队在高桥以南全歼独六旅，其中将旅长翁达逼得走投无路、自杀身亡。此时，王必成同志指挥第二纵队悄然向东南穿过八字桥，绕过三十三师侧后，并于午夜时分插至分界，截断三十三师的退路，协助第三纵队和随后赶到的第一纵队三面夹击，将第八十九军分割包围于黄桥东北地区。

10月5日上午，顽军八十九军军长李守维命令其三十三师及刚赶到的第一一七师主力猛攻黄桥。王必成同志指挥第二纵队，会同第一纵队、第三纵队奋力抗击。此时，在黄桥外围，战斗异常激烈。王必成同志亲临前沿指挥部队拼杀。陈毅同志在回忆中，称当时战斗的激烈程度为“空前恶战”。王必成同志抓住战机，率部与第三纵队紧缩包围圈，将三十三师主力歼灭。随后第二纵队会同一纵队、三纵队，全力猛攻顽第八十九军军部及第一一七师等部。激战至5日晚，我军全歼八十九军军部和三十三师残部，军长李守维骑马逃跑时落水毙命。随后我军又在野屋基附近，将一一七师大部歼灭，其余部向海安方向溃逃。10月6日，第二纵队追歼八十九军残部于营溪。韩德勤率残部千余人逃回兴化。

王必成同志指挥第二纵队、第一纵队和第三纵队继续追击，连下海安、东台。至10月10日，第二纵队先头部队与南下的八路军第五纵队第一支队先头部队在东台以北的白驹镇胜利会师。

黄桥战役，我军共歼国民党韩德勤部一万一千余人，其中俘第三十三师师长以下八百余名。这次胜利奠定了苏北抗日根据地的坚实基础，打开了华中抗战新局面。

1941年1月，国民党在第二次“反共”高潮中，制造了皖南事变，以重兵围攻奉命北移的新四军军部和皖南部队，军长叶挺同志被扣，副军长项英同志遇害，部队遭受重大损失。国民党当局于17日发布命令，宣布撤销新四军番号。中央军委针锋相对，于20日下达命令，重建新四军军部，任命陈毅同志为代理军长，刘少奇同志为政治委员，将部队整编为七个师。此后，新四军不受国民党当局的束缚、限制，独立自主地肩负起华中敌后抗战的重任。在整编时，苏北指挥部改编为第一师，辖三个旅九个团。王必成同志任第二旅旅长。

同年2月，部队刚整编完，王必成同志与政委刘培善同志便奉命率领二旅参加讨伐叛逆李长江部的作战。李长江是江苏地方实力派，在中国共产党抗日民族统一战线的感召和陈毅的争取下，一直打着抗日旗号，在国民党韩德勤与新四军发生冲突时，基本能保持中立态度。随着国民党掀起第二次“反共”高潮，新四军皖南部队遭受重大损失。在日军威胁利诱和汪精卫的重金收买下，李长江率部约一万人于13日在泰州地区公开投降日军，18日在泰州通电就任伪军第一集团军总司令。

为打击投降势力，陈毅同志、刘少奇同志于2月18日发布《讨伐李长江命令》，令第一师歼击李部。师长粟裕同志指挥三个旅飞兵泰州城下。担任主攻的王必成同志按照粟裕同志的命令，以一个团趁夜晚突入泰州城内，勇猛攻击，直捣李长江的指挥所，打乱其指挥体系，使李部失去组织抵抗的能力。然后第二旅又与第一旅、第三旅相配合，于2月20日晨攻占泰州城，俘伪军五千余人，并争取了两个支队反正，缴获了大量军用物资，特别是大量黄色炸药。李长江率残部数百人逃窜。这次抗战初期的苏

王必成与粟裕、叶飞、陶勇

北抗日根据地讨逆作战对打击苏北投降势力意义重大。毛泽东同志于2月24日将这一胜利消息电告在重庆的周恩来同志，要他在那里“广为宣传”。

泰州战役后，王必成同志和刘培善同志率二旅进至苏中地区北端（这是盐城新四军军部的南大门），担负保卫盐城新四军军部、打击日伪军、进行根据地建设等任务。他们组织各团派干部深入农村，发动群众，协助地方党组织建立抗日民主政权和群众抗日组织，把该地区的抗日活动办得轰轰烈烈。

同年7月，日伪军一万七千余人从东台、兴化、射阳、陈家洋等同时出动，对盐（城）阜（宁）地区进行大“扫荡”，妄图围歼新四军军部。王必成同志指挥第二旅在盐城以南刘庄一线，抗击来犯的日伪军，掩护军部转移，给予日伪军以杀伤后转入其侧后，在串场河两侧打击日伪军，破坏盐城至东台的交通线，先后作战三十余次，歼日伪军五百余人，击沉日军汽艇三十余艘，给日伪军以重大杀伤。

8月中旬，王必成同志趁日伪军回撤老巢之机，采取围点打援战术，先消灭盐城东南裕华镇的日伪军，再打击从大中集两次出援的敌人，共歼灭日军七十余人、伪军四百余人，俘日军七人、伪军一百六十余人。这是二旅转战苏北以来打得最大的攻坚战，也是消灭和俘虏日军最多的一次战斗，受到军部和师部的表扬。

1942年，王必成进入华中局党校参加整风学习。第二旅继续担负保卫新四军军部和华中局机关的重任。

重返苏南将斗争形势由险恶变好转

11月，新四军第一师、第六师领导机关合并，第十六旅归第一师师长粟裕同志统一指挥，对外仍保留第六师称号。次年初，为加强苏南的军事力量，军部决定由王必成同志率二旅第四团等部两千多人，南渡长江，进到苏南溧水地区，与十六旅合编，仍称十六旅，四团改称第四十八团，王必成同志任旅长，江渭清同志任政委，领导坚持苏南敌后的斗争。

抗战初期的苏北抗日根据地

王必成同志不仅要率领新的十六旅对付日伪军频繁的“扫荡”“清乡”，还要对付顽军的进攻。4月中旬，顽军第五十二师、第一九二师等部一万五千人向溧阳、溧水地区的十六旅驻地发动进攻，叫嚣“打死王必成，活捉江渭清”，妄图消灭新四军在江南的主力。王必成同志和江渭清同志指挥部队与顽军恶战三昼夜，胜利突出重围，转到溧（水）武（进）公路以北地区，在南京周围分散开展游击战。

南京当时是汪伪的“首都”，是侵华日军总部所在地。王必成同志带领部队在日伪的鼻子底下和日、伪、顽的夹击下转战，遭到袭击的险情加大。7月21日凌晨，王必成同志和江渭清同志率旅部和特务营进到赤山脚下的百里庄宿营，当日中午便遭到五百多人的日伪军四路合围。江渭清同志右臂负伤。十三天后，随四十八团行动的中共苏南区党委副书记并代理政委工作的邓振询同志在8月3日夜渡秦淮河时落水牺牲。这使粟裕同志对苏南敌后处境产生极大关注。他致电王必成同志、江渭清同志：“师部和军部考虑到苏南地区‘塘小鱼多’，部队过于拥挤，活动、给养都很困难，为避免在日、伪、顽夹击下过于消耗自己的力量，打算要王必成同志带第四十八团回苏中休整补充，要他们有思想准备。”

王必成同志接电后考虑再三，认为苏南敌后北有日、伪，南有顽军，十六旅夹其中间，目标确实大，给养不易解决；师部拟将四十八团北调，是对部队的关心，但苏南形势一旦发生变化，手里没有一定力量那怎么行？四十八团还是不北调为好。对此，他又征求江渭清同志的意见，两人的看法不谋而合。江渭清同志还指出，苏南目前处境虽然艰苦，但正在好转，还会有好的发展机会，四十八团还是不调为好。于是王必成同志、江渭清同志联名发电给粟裕同志，陈述将四十八团留在苏南坚持斗争的看法。粟裕同志也觉得有道理，向军部转报。几天后军部复电：“同意必成、渭清同志的意见，四十八团坚持苏南不北调。”随后的形势发展表明，四十八团不调江北，对苏南抗日根据地的恢复和发展是大有好处的。

机会终于来到了！9月末，日军调集两万余人的兵力，对苏南、皖南和浙西国民党统治区大举进攻。溧武公路以南地区的国民党军闻风逃走。日军三天推进一百多公里，占领了溧阳、广德、郎溪、宣城四城，打通了宣城至长兴的公路，使溧武公路以南、宣城至长兴公路以北地区成为新沦陷区。日军在那里安设据点，搞伪化统治。王必成同志和江渭清同志根据敌情变化，立即派第四十八团尾追敌南进，袭扰和牵制日军进攻，配合正面战场作战。至10月上旬，十六旅收复了春季反顽作战的地区，旅部和苏南区党委又返回溧水里佳山一带，两溧地区再次成为苏南敌后党政军指挥中心。

面对日军向苏浙皖边进攻出现的新形势，王必成同志、江渭清同志认为这是难得的机会，便向军部建议派部队南下，开展苏浙皖边新沦陷区的游击战争。军、师首长都认为确是极好的机会，但一时无力从江北抽调部队增援苏南，要他们依靠现有力量，灵活使用兵力，逐步向南发展，完成控制宣城至长兴公路以北地区的任务。接到军部复电后，王必成同志与江渭清同志等研究，确定十六旅分兵作战：由王必成同志率四十八团南进郎溪、广德地区实施战略侦察，相机打击敌顽势力，准备向南发展；江渭清同志和副旅长钟国楚同志率第四十六团扫清溧水、高淳一带伪军据点，完全控制溧高地区。

11月初，王必成同志率四十八团经高淳进入郎溪，向东插入广德，仅半个月就进行了九次战斗，其中芦塘一仗打得最漂亮，歼顽军一个团，缴获大批武器和大量弹药，初步打开了郎溪、广德

北部的局面。日伪加强了对这一地区的防务和“扫荡”。王必成同志率四十八团巧妙地与敌周旋，并转移到浙江长兴地区活动。

1944 年 3 月 29 日，王必成同志指挥四十八团在杭村痛击“扫荡”的日伪军，缴获日军的一门 92 步兵炮，影响很大。当日上午，从广德门口塘、流洞桥两个据点出动日军一个中队一百多人，在伪军一个营三百多人配合下，携带一门 92 步兵炮窜向杭村一带，沿着宣（城）长（兴）公路“扫荡”。王必成同志接到情报，立即定下在杭村歼灭这股敌人的决心，要四十八团团长刘别生同志做好战斗准备，令第三营插到杭村西南慈姑山，待敌接近时予以猛烈打击，截断其归路；令第一营抢占杭村东南牛头上高地，从侧翼夹击敌人。战斗打响后，日伪军负隅顽抗。在慈姑山上指挥的王必成同志从望远镜里观察到日军正在调试 92 步兵炮，遂将望远镜递给四十八团团部小炮排排长戴文辉同志观察。戴文辉同志举镜一看，叫道：“大炮，敌人正在调炮！”王必成同志对戴文辉同志说：“我们要用小炮打大炮，不能让敌人大炮轰我们。”戴文辉同志熟练地操作迫击炮。第一发炮弹落在敌 92 炮附近。紧接着第二发炮弹落在敌拉炮的几匹马中间爆炸。马受惊乱蹦乱跳。敌人一时慌了神。加上一营、三营机步枪的猛烈扫射，公路两旁麦田里的敌人死伤一大片。日军中队长小村再也顾不上打炮了，他带领残部拼命向流洞桥、门口塘方向奔逃。此战，我军共歼日军七十余名、伪军一百余名。那门 92 步兵炮成了四十八团的战利品。

杭村战斗后，围绕着对 92 步兵炮的护炮和抢炮，十六旅和敌人都大费周折。开始，四十八团将该炮拆成几部分，随部队行动，因携带不便，最后按王必成同志和江渭清同志命令办，把炮架、炮轮、炮栓、炮后座分散埋藏，做好标记，待后来取，仅带着炮身和炮弹行动。敌人对丢炮感到大失脸面，连续多日出动一千多人，连同伪军、汉奸，进行报复“扫荡”，妄图找回这门炮，折腾二十多天也未见踪影，最后将丢炮的士兵枪毙了事。

王必成在作战室

王必成在新寓所

92步兵炮是平射炮，是打敌人炮楼、碉堡的最好武器。它在第十六旅当年的攻势作战中大显威力。8月下旬，四十八团受命攻打长兴的白埠据点时，伪军营长在碉堡上叫喊：“新四军没有炮。我们不怕！”四十八团第二营营长黄祖煌同志将92步兵炮调来，对准敌碉堡，同时开展政治攻势。伪军营长开始不相信，后从枪眼里望见大炮真的对准他们，吓得连声叫喊：“别打炮，别打炮，我们投降！”白埠战斗结束后，这门炮又拉到合溪镇。这时，攻打镇北大祠堂的战斗呈对峙状态。92步兵炮瞄准祠堂正门的碉堡一声怒吼，碉堡顿时被轰开一个大窟窿。四十八团第一营指战员趁势发起冲锋。伪军吓破了胆，纷纷缴械投降。对这次长兴作战的胜利，延安《解放日报》作了详细报道。十六旅在杭村缴获日军的这门92步兵炮在中华人民共和国成立后，被中国人民革命军事博物馆收藏、陈列，成为中国人民反抗日本帝国主义侵略的重要见证。

1944年，王必成同志、江渭清同志带领第十六旅在苏南作战一千二百四十二次，毙伤日伪军六千七百余人，攻克据点八十余处，缴获炮六门、轻重机枪一百三十挺、掷弹筒十五个、各种枪四千四百九十余支，部队由原来的六千余人发展到一万二千七百人。其中第四十八团有四个步兵营、一个炮兵连和一个重机枪连，共四千余人。这为新四军尔后继续向南发展打牢了基础。

王必成同志在抗日战争年代建立的功绩名扬大江南北，永载革命的史册。

（本文选自《虎将光耀千秋——王必成同志百年诞辰纪念文集》）

方志敏——两条半枪闹革命

文/方　梅

方志敏

方志敏（1899—1935年），江西弋阳人。1922年7月加入中国社会主义青年团，1924年春转为中国共产党党员。1928年1月，他与邵式平、黄道等领导赣东北弋阳、横峰地区农民起义，创建了赣东北革命根据地，领导组建中国工农红军第十军。1931年起，先后任赣东北省、闽浙赣省苏维埃政府主席，红十军政治委员，中华苏维埃共和国第二届中央执委会委员，中共闽浙赣省委书记。1934年1月，在中共六届五中全会上被增选为中央委员。1934年11月，任红十军团军政委员会主席，奉命率红十军团北上抗日，1935年1月所部于皖南怀玉山地区遭国民党军重兵围攻，1月29日被俘。

在狱中，面对敌人的百般诱降和严刑逼供，方志敏正气凛然，坚贞不屈，并写下《可爱的中国》《清贫》《狱中纪实》等著名篇章。1935年8月6日，在江西南昌英勇就义，时年三十六岁。

血染东南半壁红，
忍将奇迹作奇功；
文山去后南朝月，
又照秦淮一叶枫。

这是叶剑英1940年在重庆读方志敏

狱中手书后写下的一首七言绝句。诗中热情歌颂了方志敏创建赣东北革命根据地和红十军的丰功伟绩，高度赞扬了他坚贞不屈、为革命英勇献身的崇高品德。

公园门口　一块牌子感受天大耻辱

1919年，方志敏考入江西省立甲种工业学校机械专业，到南昌求学。这一年，南昌暴雨连绵，竣工刚两年的校舍多处塌墙漏雨。方志敏带领学生自治会多方调查，发现赵宝鸿勾结包工头，偷工减料，挪用公款。真相公布后全校哗然，方志敏和洪罗曼等四名学生却被开除。

回到老家后，1921年，方志敏考入教会学校九江南伟烈大学。一年后，方志敏因家贫退学，这时收到老同学洪罗曼来信，邀他到上海看看，信里附了一份《先驱》报。这份中国社会主义青年团的机关报，让方志敏眼前一亮。

1922年6月底，方志敏在上海结识了共产党员、江西籍青年赵醒侬，两人一见如故。

在《可爱的中国》一文中，方志敏详细记叙了在上海的这段经历："我去上海原是梦想着找个半工半读的事情做做，哪知上海是人浮于事，找事难于登天，跑了几处，都毫无头绪，正在纳闷着，有几个穷朋友，邀我去游法国公园散散心。一走到公园门口就看到一块刺目的牌子，牌子上写着'华人与狗不准进园'几个字。这几个字射入我眼中时，全身一阵烧热，脸上都烧红了。这是我从来没有受过的耻辱！"

1924年3月，方志敏加入中国共产党。

在老家，父亲成立了赣东北第一个农民协会和第一个党小组。1926年冬，二百多名贫苦农民在党组织领导下，发动"漆工镇暴动"，缴获三条枪，其中一条只剩半截枪管。后来，父亲领导的武装起义队伍，手执梭镖、大刀，加上这"两条半枪"与敌人拼杀，"两条半枪闹革命"的故事传遍闽浙皖赣。

彭湃证婚　几条长木凳拼成"喜床"

1927年是方志敏生命中很有意义的一年。

在这一年，我的父亲方志敏与缪细相识、相知、相恋，走到了一起。方志敏赠送"敏"字作订婚礼物，缪细改名。缪细也来自弋阳，比方志敏小十岁。自幼要求上进，能歌善舞，十七岁考入南昌女子职业学校，因加入共产主义青年团，被校方开除，之后从事党的地下工作。

6月上旬的一个晚上，白色恐怖笼罩南昌城。在党的秘密机关二楼，由方志敏的挚友、全国农协秘书长彭湃证婚，方志敏举行了婚礼。几杯清茶，代表所有祝福；几条长木凳靠墙，拼成一张"喜床"。

新婚之夜，方志敏送给妻子两件礼物。一是自己用过的金笔，希望她记下美好的战斗历程；二是化名"李祥贞"，他提出，"今后以李祥松、李祥贞兄妹相称，秘密联络。"

三天后，方志敏受命转战吉安，方志敏的妻子去波阳县委秘密机关做技术工作，不久后被捕。方志敏以"李祥松"为名写信，称父母病重，呼唤妹妹"李祥贞"快回家。多名同志设法营救，帮助方志敏的妻子出狱。获救后，方志敏夫妻出生入死，朝夕相处八年，度过了他们此生最快乐、最幸福的时光。

清贫，洁白朴素的生活，正是我们革命者能够战胜许多困难的地方。

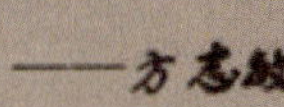

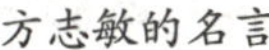

方志敏的名言

方志敏和妻子缪敏

弋横暴动　创立方志敏式根据地

1927 年，方志敏任五县工作委员会书记兼武装起义总指挥、中共弋、横、德中心县委书记、江西省委委员，领导“弋横暴动”，创立红色政权，创建革命根据地。

方志敏领导的闽浙赣革命根据地，被毛主席誉为“方志敏式”根据地，并被中华苏维埃政府称为红色苏区的“模范省”。他在苏区有一系列首创——发行多种债券，与白区交流商贸；首创列宁公园，创办了一批学校和文教卫生单位；开办银行，建章立制，制定法律法规等，成为全国各根据地效仿的典范。

从 1927 年至 1934 年的 8 年里，方志敏领导组建中国工农红军第十军，被中华苏维埃临时中央政府授予最高荣誉“红旗勋章”；他担任赣东北省、闽浙赣省苏维埃政府主席，红十军政治委员，中共闽浙赣省委书记，1934 年 1 月当选为中央委员。

1934 年冬天，中央命令红十军和红七军团合编成红十军团北上抗日先遣队，方志敏任军政委员会主席，率队北上。出发时，他正患痔疮，每天流脓血，不能骑马、走路，甚至连椅子也坐不了，只能半躺着，但仍坚持亲自带队。出征后，他写信给妻子，说：“你今后将在无线电话里得到我们胜利的消息。”

没想到，这一去竟成永别。

身无分文　狱中写下《可爱的中国》

先遣队在皖南遭敌人重兵包围，被打成两截。方志敏带八百人突破封锁线后命粟裕率队突围。他自己仅带少数战士留下等待大部队。奋战两个多月，终因寡不敌众，又遭叛徒出卖，方志敏于 1935 年 1 月 29 日在怀玉山陇首村被俘。

两个国民党士兵发现父亲后，不急着回去邀功，认定他身上一定有不少油水。可翻遍全身上下只搜到一块怀表和一支钢笔，没有一文钱。

被俘当晚审讯，敌人逼方志敏写些文字，好回去请功。方志敏当场挥笔写下自述："方志敏，弋阳人，年三十六岁，知识分子……我已认定苏维埃可以救中国，革命必能得最后的胜利，我愿意牺牲一切，贡献于苏维埃和革命。我这几十年所做的革命工作，都是公开的。差不多谁都知道，详述不必要。仅述如上。"

入狱后不久，方志敏要求"写个条子"，敌人以为是写供词，满口答应。拿到纸笔后，他奋笔疾书，六个月里写了《可爱的中国》《清贫》《我从事革命斗争的略述》《狱中纪实》等十六篇文稿（现存十三篇）超过十三万字。其中着笔最多的是反思，他要写下"十余年斗争的经验，特别是这次失败的血的教训"，贡献给党。

狱中给党写信，困难可想而知。为掩人耳目，父亲桌上常摆着可公开的文稿《可爱的中国》，其他信藏在下面。他的人格魅力打动了囚友和看守。国民党原中央监狱狱长、囚友胡逸民、军法处上士文书高家峻和军法处看守所代理所长凌凤梧等人，冒着生命危险，将父亲多篇珍贵遗著辗转送出牢房。

方志敏入狱后不久，方志敏的妻子也因叛徒告密被捕，被囚禁在南昌女子监狱，与方志敏的关押地仅一墙之隔。敌人多次表示，只要签字投降，马上可以和亲人团聚，甚至还拍了妻子的照片给他看。看到相片，方志敏流泪了。但在亲情和信仰之间，方志敏夫妻都坚定地选择了后者。

牺牲前，方志敏本有机会逃脱，但他希望组织牢内同志一起走，拒绝个人越狱。1935年8月6日，父亲在南昌下沙窝英勇就义，年仅三十六岁。

生死与共的夫妻从未拍过一张合影，是方志敏的妻子最遗憾的事。她请人画了一张两人恋爱时的画像，还将自己的照片和方志敏狱中留下的照片合成制版，留作纪念。

（本文选自《北方周末报》，作者系方志敏的女儿）

方志敏雕像

雁翎队的“嘎子”

口述/孙　革　整理/李志波　李晓哲

孙革老人

说到家喻户晓的影视作品《小兵张嘎》，人们往往会想到小英雄“嘎子”的家乡——芦苇丛生、碧波荡漾的白洋淀。

抗日战争时期，在这方神奇的水域中，仅有一百余人的雁翎队队员们，借助白洋淀独特的地形，埋伏在芦苇丛中，潜伏在水里，用几把土枪，与敌人展开了长达六年的游击战，把敌人打得落花流水，击毙俘获日伪军近一千人，上演了一幕幕可歌可泣的抗战故事。

雁翎队队员们有许多故事都被拍进了影视作品中。其中，孙革当年咬日军指挥官夺枪的情节，就被拍进了电影《小兵张嘎》。

日军侵略让他拿起枪

孙革的家乡大张庄村位于碧波荡漾的白洋淀。

1938年，日军来到白洋淀。孙革也

白洋淀上的抗日神兵雁翎队

在这一年参加抗战，一直与日军抗争到1945年。

刚开始，雁翎队没有像样的武器，队员们主要靠“大抬杆”。“大抬杆”是白洋淀水乡人民打猎用的自制火药枪，整个枪身全长2.4米，管就长2.2米，枪口直径三厘米至五厘米。如果不仔细看，它就像一根大铁棒，可仔细观察会发现，它在尾端处有一个火门，这是点火装置，而火药就装在枪筒内。单支“大抬杆”的威力并不大，但是一排摆在一起，同时点火，产生的威力还真震住了日军。

“大抬杆”点火的地方，插着一支羽毛。那羽毛就是雁翎，队员们为了防止枪膛中的火药受潮，便插上了雁翎。也正因此，这支拿“大抬杆”打日军的队伍，后来被命名为“雁翎队”。孙革曾担任过雁翎队的副队长。

手拿土枪鱼叉消灭敌人

孙革参加的第一场“大仗”发生在1939年10月。当时，一艘往来于李庄子村和小张庄村间的快艇，载着二十个日军出现在白洋淀湖泊里，正好被雁翎队撞上。

雁翎队十二位队员用“大抬杆”、鱼叉等武器，一共消灭了十九个日军，一个开船的日军趁队员不注意，驾船快速逃跑了。

有一次，孙革和一位叫赵恩祥的游击队员在一个班兵力的日军的眼皮底下空手夺枪，非常解气。

孙革和赵恩祥来到县城，看见只有一个日本兵在门口铁栅栏处站岗，他们经过商量，迅速制订了一个“夺枪计划”。身体比较壮实的赵恩祥走在前面，看到那个日军时，抖了抖手里提的鱼篓，说是进城做买卖。那个日本兵一番打量后，没发现问题，就放下枪，准备开门放行。就在他背转身准备开门时，孙革从随身带的秫秸捆中抽出一根气管子冒充手枪，顶住了日本兵的后背，并示意其不许动。后来在日本兵举起手时，前面的赵恩祥趁机抱住日本兵的头，然后用膝盖一顶，将其撂倒了。孙革则一个箭步把日本兵刚才放在旁边的“三八大盖”拿了过来，接着朝日军心脏位置处刺了进去，日本兵一刀毙命。就这样，他们空手夺了一把“三八大盖”。

白洋淀“嘎子”雕像

1943年9月的一天，孙革在内的四十多位雁翎队队员埋伏在芦苇荡里，准备伏击日军的包运船。

后来，载着一百多个日军的包运船果然出现了，队员们先打掉了船头的瞭望哨，然后迅速冲上敌船，和日军展开了肉搏战。孙革刚冲上船的时候，正好碰上敌指挥官掀开船舱门帘，孙革一枪打中了敌指挥官的左手腕，敌指挥官的指挥刀掉在了甲板上。当孙革以为敌指挥官要投降时，敌指挥官右手从腰间掏出了一把手枪。当时，孙革的武器已经受潮，孙革迅速扔掉武器，一下扑在了敌指挥官身上，并用嘴使劲咬断了他的大拇指，敌指挥官这才投了降。敌指挥官投降后，这一仗便很快结束了。雁翎队俘虏了近百个敌人，打了以少胜多的“典型一仗”。

（本文选自《半岛都市报》，有删改）

孙革老人讲述雁翎队的故事

山海关保卫战

文 / 张鹤鸣

张鹤鸣

张鹤鸣（1910—1952 年），河北滦县人，1937 年加入中国共产党，1938 年入伍。历任军分区副司令员、旅长、东北铁路中部护路军司令员等职。1952 年 7 月病故于昌黎。

根据党中央的战略部署和东北人民自治军第二副司令员李运昌的指示，1945 年 9 月我受命返回山海关，以冀热辽部队第四十六团（团长龙水文，代理政委赵平）和第四十七团（团长宋维藩，副政委张兴民）组成第十九旅，担任山海关的防御任务。

初见林彪

1945 年 10 月下旬的一天，我在长城上观察沿海一带地形，察看后刚来到山海关车站，就有人告诉我“林彪到了”。我马上回到旅部。不久，赵恒将林彪引到楼上来。我既不能远迎，只好就地行个军礼，并和随行诸位同志一一握

手道辛苦。林彪个子不高，上宽下窄的脸，不胖，不多说话，讲话声音清脆。我们正在谈话，忽然来了一个苏联负责政治工作的上校要求会见林彪。经林同意后，我便着人将苏联上校引到楼上与林见面。林彪不会俄语，我立即派人找来副司令员萧劲光同志，请他做翻译。他很熟悉俄语，详谈了很久，苏联上校不时以手势表示：今天见到林彪将军真荣幸得很。我叫管理科备了一桌好饭菜，招待林彪和随行诸人。晚上给他们准备了宿舍，安排林彪一家住进了东方宾馆。车站已几天不来车了，怎样迅速送林彪等诸位负责同志到沈阳去开展工作，是个难题。夜12时，绥中打来电话告诉我，西行列车于明早5时开抵山海关车站。我将此消息报告给林彪，他决定于第二天一早乘车东去。

第二天列车准时到站，林彪和随行诸人都早早地到站登车。林彪嘱咐我要及时发给工人工资，以确保军队乘火车尽快进入东北，及时开展工作。就在这时我得到一份紧急情报，当即向林、萧报告："美军用他们的军舰从海上由中国南方运来敌军一个军，二万多人已在秦皇岛登陆，可能向山海关进攻。"我报告完后敬等林、萧指示，可是当时他们都未作回答。火车开走了，一直向锦州方向开去。

准备迎战

送走林彪一行人，我回到旅部，立即向驻辽宁省锦州市的李运昌司令员报告了这一紧急情报，请示对这一问题的处理，并要求批准领取所需枪支、子弹、被褥、军饷等。李司令员的指示是："紧急动员力量，在山海关前沿构筑工事设防，以阻击敌军的进攻，保卫山海关要冲，尽量争取延长时间，掩护锦州与沈阳。"并当即批准配发十万发子弹、几门迫击炮及少量炮弹和重机枪以及部分棉军衣和部分军饷，但未批准配发枪支。据说锦州枪支不足，但我旅第四十六团原本武器就不好，并且这次由军区出发时，又将枪支留下一部分，想着出关后一定会得到补充，改善装备。不料，敌人已到面前，我们的战士依旧扛着破烂不堪的枪支，而且是两个人才有一支。轻机枪又只有四五挺能用，其他几挺都是打几枪就不响了。

二万敌军在秦皇岛登陆的消息很快传遍了我们全旅。大家都清醒地认识到，敌军一定会向我们进攻，战斗即将开始。我遵照李司令员的指示，动员全旅积极做好战前准备，要求指战员们竭尽全力完成保卫山海关的任务，并召集第四十六团龙团长和第四十七团宋团长，当面布置他们亲自率领各自部队的干部，勘察好地形，选好阵地构筑防御工事。

两个团的全体指战员精神饱满，情绪极好。每天天不亮就起床，加紧操练步兵，学习战斗动作，熟练迫击炮的操作，如取炮、架炮、装填、收炮等，以及练习重机枪行进间架设与分解。战士们群情激奋地操练，互相学习，互相竞赛，谁也不甘心落后。在形势逼人的情况下，全旅上下为完成迎击敌人的任务，积极紧张地做了各种准备。

我观察了山海关沿海一带，山海关南临渤海，北跨群山，为华北通往东北之交通要隘，历代皆为军事要地。天下第一关，即是临榆东门。长城由海岸隆起，向北延伸，沿城墙向北四十里，即为九门口，此处在军事上非常有价值。由此西向，千山耸立，石河由角山西麓从二郎庙旁南流入海，河上建有数孔大铁桥，连接北宁铁路。出临榆，西关五里，地势隆起约两米，地形复杂。铁路以南则平坦，一望无际，向南十里即达海岸。

综合考虑到山海关的地形与我们作战的实力，假如以前面阵地为第一线，山海关石河东为预备阵地这样是最好的策略。但我们的兵力太少了，只有两个团，如果这样布置不但阻止不住敌人的攻击，而且一旦第一线被突破，就会暴露我方力量的薄弱，还会影响作战情绪。北部山地石门寨、九门口在军事上均属要地，决定山海关的命运就在于此。我们若能守住这两个地方或向北的山地，也就能够守住山海关。关北、角山可谓山海关附近阵地之主要支撑点，敌人若攻不下角山，就无法攻占山海关。因此，我们的兵力放在石门寨、角山与九门口一线。

战斗打响

敌军逼近，即将向我们大举进攻，敌军兵力又多我数倍，而且据说还是美国装备的军队，武器和训练等方面都比我们好得多。上级指示要坚守山海关，并且守得越久越好。这是一个相当艰巨的任务，但我们都没有畏惧。

我派了第四十七团第二营到阵地前面去阻击敌人，以防敌军一直逼近山海关城下。10 月 25 日，敌军进到山海关附近，用一个团的兵力，向我第二营进攻。打了一阵子，营长孟亚东按照我的作战意图，率领第二营撤到龙家营车站。

第二天，敌人又向我第二营进攻，我急令第二营将敌军击退后，转移到常家店去，以防敌军北犯石门寨。午后，敌军一个排长进入我第二营阵地劝说引诱，其大兵力则隐蔽随后，企图使我军麻痹大意后给我军以强力打击。当时我第二营有所察觉，马上扣留了这个排长，并及时给其隐蔽的大兵力以打击后，即撤到石门寨，坚守这个重要阵地。

此时，在秦皇岛登陆的敌军第十三军的三个师，都已进到山海关前的孔家店（该地距山海关只有五里）南北之线，大的战斗不久就将开始。这时，我们各团都在构筑工事，遇到许多困难。好在县民主政府动员了大批民夫，运来大批草袋、工具等，给予我们极大帮助。与此同时，我到阵地检查工作，看到有些战壕和掩体挖得太浅或太小，既简单又不牢固，打起仗来不保险，作战人员易遭到敌人火力的杀伤，便叫旅部参谋处绘图样发到连队，要求按照图样重新挖。参谋处的同志工作很认真，散发图样后，按照我的要求，每天都分别到各连阵地去，具体帮助和指导部队重新构筑工事。

请求增援

10 月 31 日，敌军使用一个营的兵力，利用天黑的时机向我偷袭。在山海关前守卫的我军第四十六团三连的哨兵，发觉黑暗中向我进犯的敌人，机警地开枪射击。随后，三连以一个排的兵力对偷袭之敌发起攻击，打死打伤敌军多人，敌军仓皇逃窜。我们一排人立即紧追不舍，继续打击敌军，至河岸发现敌军死伤严重，许多军大衣、军帽和大米等被丢在河岸上。我们打了一个漂亮仗，获得不少战利品，都兴奋极了。这次战斗的规模虽然不大，但却粉碎了敌军利用夜间实施偷袭的计划。

敌军这次夜间偷袭失败后，就暂时沉寂下来，没有什么动作。估计到敌人在想第二步进攻的办法，我立即向在锦

解放山海关关口

央“向南防御，向北发展”的战略方针和“争取东北，控制东北”的战略部署，正在一批批地从山海关乘火车向东北挺进。火车每天都是按时来往，交通联络都很方便。这些都为我们守卫山海关的指战员增加了巨大的精神力量。

一天，敌军派了约一个团的兵力，向山海关北山猛烈进攻，企图占领山海关以北的高山，然后再向城内进攻。经过一场激战，敌军得逞，大大地威胁我军整个阵地。于是，我命令第四十六团团长龙水文，带三门迫击炮去袭击敌人。在龙团长的指挥下，打出近二百发炮弹，炮打得很准，敌人无法立足，被迫撤退。我军乘胜将高山夺回。后来，敌军又组织多次进攻，但在我军的英勇阻击下，都被打退了，此高山牢牢控制在我们手中。

就这样，敌军使用美式武器，在其猛烈炮火的掩护下，多次发动猛烈进攻，均受到我第十九旅的英勇阻击，敌军三个师在石河以西不能前进一步。

11月3日，杨国夫师长带领第七师三个团到达山海关。我们更加坚定了守卫山海关的信心，坚决表示和第七师团结战斗，胜利完成上级交给的防御任务。

一开始杨师长和徐政委觉得不是自己的任务，也不愿负责指挥作战，怕出

州的李运昌司令员报告了打败敌军夜间偷袭的情况和敌人可能发起新的进攻，并请示：“山海关守到何时为止？假如防线被突破怎么办？”并希望立刻增调部队来。李司令员当即作了回答，指示我要竭尽全力守卫山海关，时间越能延长越有利于我们党中央派的大批部队和干部进入东北。万一山海关防线被突破，部队可撤到山海关以北山地打游击，与敌人周旋。

此外，李司令员当即批准调来第二十二旅第六十四团（缺一营）。后来，他又给我发来电报，说是山东我军渤海军区第七师在杨国夫师长的率领下，两三日内即可到达山海关担当防务。我把这个消息告知全旅，全旅上下都很兴奋，希望援军尽早到来，以解山海关孤势之危。

我们的大批部队和干部按照党中

问题。经过我的耐心解释，七师的首长初步消除了顾虑，答应负责指挥整个山海关防御战役。没多久，接到上级命令，杨国夫任山海关守军总指挥，我任副总指挥，领导问题也就从根本上解决了。

激烈交战

其间在四十七团阵地前面发现了敌人一辆吉普车和几辆卡车，四十七团团长指挥战士开枪射击，将吉普车打坏，抓获五个美国兵和一个国民党特务，其中一个美国兵被打伤。战士们很气愤，谴责美国兵帮助国民党打内战。他们一开始还支吾着狡辩，后来被责问得哑口无言，只得承认错误。我将此报告给杨师长和徐政委，他们指示我向锦州方面报告。我当晚即用电话向锦州李司令员报告，并请示处理办法。得到回复是："将美军放回，并发一份公函给美国军队。"我撰写了公函，第二天便将这几个俘虏连同公函一并送回秦皇岛军部。这一事件使我军士气更加高昂。后来敌人向山海关北部山地发起进攻，我用望远镜观察，见第四十六团一营给敌人以大量杀伤，抢占了河西的一个高地，但是很快又受到北边高地的敌军猛烈的射击，一营持续战斗了一个多小时，终因敌人炮火非常猛烈只好撤到河东，又选择适当地方作阵地，给敌人以打击。

同时，守卫石门寨的第四十七团二营，也被迫撤下来，转移至新地点和敌人战斗。

另外，第四十六团在二郎庙一带的阵地，也发生了激烈的战斗。由于敌人控制了二郎庙的西大山，敌我双方战火不熄，形成对峙。

这样，我们的所有阵地几乎同时受到敌军的强攻，战斗激烈。我敏锐地觉察到敌人首先要占领山海关以北九门口之间的高地，迂回我们后侧背，再从高山上压下来，达到突破我们整个防线的目的。敌人在山海关正面与西南方面的兵力并不大，为防止敌人企图得逞，应当赶快改变我们的防御布置。我从山海关前面的阵地上，抽出第四十七团的部分兵力，布置在北部山地打游击，以袭击骚扰敌人，并在河东主要高地上构筑工事，控制要地，防止敌人向河东山地进犯。

第四十七团二营由于未归还建制，遵照第七师师部的指示，去防守九门口以北之无名口一带山地，归第二十团指挥。

由于我们合理调整作战部署，敌军多次组织强攻，均未能攻破我们的防线。

解放山海关

战况稍微平静下来，我们部队抓住这个时机，积极抢修和加固工事。由于有绥中县兴城来的很多民夫参加，工事修筑得很快。几天内，山海关前挖出一条长二十多里的战壕，在北部高山顶上也都修成许多掩体，军民合作的力量是伟大的。

一晚，有一位老汉拿了一份杜聿明署名的通报，送到旅部来。我看后就拿着通报到第七师去，找杨、徐研究对付的办法。通报上写着："政协决议要你们撤出山海关及铁路两侧三十公里以外，不然就用武力接收山海关。"我们研究决定，回信主要内容为："政协没有这样的决议，山海关是我们解放的，这里没有日军，也没有伪军，秩序很好，请你们不要来，否则发生任何不幸的事件，要由你们负责，要由杜聿明负责。"送出这封信后，我们推测一场大规模的战斗马上就要展开。

果然，第二天天未亮，敌军即以第十三军第八十九师向我山海关阵地开始猛攻，其第四师和第五十四师配合行动。起初，用大炮向我方轰击，步兵尚无动作。我军阵地上，也有六门迫击炮向敌方还击，然而我们的炮和炮弹太少了。敌炮火力密集，视线不良，一直持续了几个小时。接近中午，敌炮延伸射击，其步兵渡过石河，攻占了二郎庙。我第四十六团的指战员们顽强地进行抵抗，杀伤大批敌人，除丢失了二郎庙外，其余阵地都很巩固。

这时，我在山海关以北的阵地后边观察，看到敌炮弹从空中飞过，敌方用两架飞机作掩护。激烈战斗仍在继续进行，我们的指战员已有不少伤亡。这一天中午过后，我第四十六团阵地受到数次猛烈进攻。敌军使用了上万人的兵力，依仗着他们的美械装备，一次次地冲杀过来。我们的干部战士英勇阻击，使敌军遭受一次次惨败，保住了我们的阵地。但是，我们付出了很大的牺牲。特务连连长张岱在火线上指挥作战英勇顽强，营长牺牲了，他主动代理营长指挥一个营继续与敌人作战。战斗持续到下午，敌人锐气大减，败下阵去。

坚守阵地

这一天，杨师长给我送来一个命令：无论如何角山和北山是不能丢的，必须坚决守住。我把这个命令交给龙副师长看过以后，便立即派通信员通知第四十七团宋团长说："角山决不能丢，若有角山在，就有你们在；若失掉角山，则你们将失掉性命。"宋团长回答说："坚决执行这个命令，坚决守住角山。"

午后，敌军使用几门大炮同时直向北山上轰击。我用望远镜观察到敌炮打得较准确，打得第七师的部队开始撤退。这时，龙副师长向部队传送坚守阵地的命令已经来不及了，阵地已经丢失了。我很着急，因为这座高山被敌人占领，敌人将马上侧射我们旅指挥所和所有山南的阵地，情况异常紧急。

果然不出所料，敌人占领高山后，马上掉转枪口，侧射我们第四十六团守卫的阵地。这时，龙水文团长、赵平政委从阵地上急忙赶来，向我报告北山被敌人占领，他们整个阵地都暴露了，敌军依托北山疯狂进行射击，我军无法站住脚，但又撤不下来，问我怎么办。我急忙带他们去指挥所见龙副师长，报告这一紧急情况，但未马上得到答复。再请示，仍不能决定。第四十六团处于腹背受敌的危险境地，将会造成极大的伤亡。我问龙团长和赵政委如何处置，他们表明："敌人已经进攻我们一天了，受到了很大的损失，锐气已挫。我们可以发起冲锋，将当面之敌冲下去，就能摆脱北山敌人的射击，但需要有兄弟部队配合。"

因为临榆县城西北角，我方有一个营的预备队，正好援助第四十六团冲锋。于是，我命令龙水文和赵平说："你们立即回去，发起冲锋，我带领一营人从你们阵地南端援助你们，要坚决果断将敌人冲垮，摆脱北山之敌对你们的威胁。"他俩表示坚决完成任务后就快速赶回了阵地。

随即我从指挥所的村子里出来，冒险躲过密集的射击，急驰到临榆县城西北角那个营预备队，下达援助第四十六团冲锋的任务。

很快，第四十六团勇猛冲锋，敌军第八十九师向我们部队疯狂射击，企图顽抗。我们将敌人冲得溃退，使其毫无还击之力。与此同时，我第七师的两个预备队连也参加了冲锋。他们攻下西边的小庙，毙伤敌军几十人，缴获了许多机枪、步枪、炮弹和其他一些军用品。就这样，我们第四十六团在预备队的有力配合下，仅在一小时之内就把敌军第八十九师冲垮了。在这次冲锋中，杀伤敌军三百多人。

双方对峙

11月5日的恶战过去后，山海关战场暂时平静下来，敌人待在河西不敢前进一步。为了打击敌人，巩固阵地，杨师长命令第十九团一部于夜间出击敌人。敌人没有夜战经验，很麻痹，因此我军进攻其盘踞的村子，待其发觉，他们已跑不掉了，只好乖乖地做了俘虏。这样

山海关保卫战纪念厅

的夜袭先后进行了三次，有两次取得胜利。

同时，我们第十九旅第四十六团和第二十二旅第六十四团也展开了夜战。这种多次夜袭，使敌人损失不小。接连不断的胜利消息，鼓舞了我们。而敌军则胆小害怕，更不敢轻易发起进攻了。只是向我第四十七团阵地作多次试探性进攻，对我第六十四团阵地进攻，但均被我军击退了。敌人只能在每天早晚，向我方阵地开枪打炮。

根据这个情况，我以第六十四团两个连队，利用夜间向铁路以南侦察判明，铁路以南的河西之敌是白天来，晚上撤回，便抓紧时间继续侦察情况。这几日敌人躲在河西岸铁路边的三间房屋里向我方阵地射击，对我方造成了威胁。我当即下令拆毁了这几间屋子，敌人就没有再在那里打枪了。但是，双方对峙着，我估计敌人又要发起大规模的进攻。

在这段时间内，战斗不紧张，杨师长就利用这一机会，去沈阳向林彪请示汇报。他回来后，向我传达了林交代的任务和指示，并说第十九旅编入第七师建制，从此十九旅归第七师管辖，其电台和直通锦州的电话线路和电话也归第

七师使用，并告诉我，以后不得与锦州直接通话，我都执行了这些指示。

其时，我们收到情报，确知敌人兵力都在向北运动。由于敌人久攻我军正面防御失败，便调整战斗部署，放弃久攻不下的阵地，选择新的攻击点，即以石门寨为基点，向九门口开始攻击，战斗很激烈。我们在这里守卫的部队是第七师第二十团。开始一整天，敌军以猛烈而密集的炮火发起进攻，摧毁了山上阵地，我第二十团进行英勇还击，有很大伤亡。战斗一直持续到晚上，因敌军以重炮轰击，我军不幸丢掉一个重要阵地。

绥中县民主政府县长华玉民对我说，偷越城子峪口的敌军三个团已到大毛山。我据此断定，敌人企图向九门口外即山海关以东迂回，形势严峻。因为我们没有战役预备队去阻击这一大批敌人，他们很快就会赶到我们的背后，情况非常紧急。我立即向杨师长报告。杨师长认为，情报不确实，还不能轻易撤退。此时，随着形势逐渐变化，九门口战斗也趋于恶化。不久，九门口战斗失利，我们丢掉一个有利的阵地。第七师奋力争夺，付出了重大的代价，终于打败敌人，夺回失去的阵地，并缴获敌人三挺机枪。

主动撤离

11 月 15 日夜间，山海关保卫战已经持续了二十一天。中共山海关党委书记章真园向我紧急报告，敌军已偷越出口迂回，明天就可能到达我们的后边，并问上级如何决定的。我说：“杨师长不信，认为情报不准。”他又催我说，可再向绥中问一问华玉民这个情况是否真实，然后报告杨师长，看他如何决定。我马上打电话要绥中华玉民重新说明情况，得到确切的消息。我又打电话报告杨师长，杨师长听后，让我去师部共同商量，决定我军从山海关阵地撤离，并让地方党政机关随之转移。

由于杨师长有指示，我和锦州较长时间没有联系。我担心锦州方面情况不明，因时间仓促而受到损失，便取得杨师长的同意，用电话向在锦州的李运昌司令员报告，我们部队即将从山海关撤退。这时，已是 11 月 16 日凌晨 1 时了。

我从师部接受命令后，马上返回旅部下达撤退命令。因为经过异常激烈的战斗，我们的部队已相当疲劳，一时不易撤下来。此时天快亮了，迂回的敌军即将转移过来。若我们的部队动作迟缓，就有被敌切断退路的危险。我紧急命令第六十四团留一营人在后边掩护，边打边撤，并由该团留一连人掩护第十九旅旅部沿铁路线向东逐步撤退。而第四十七团在角山以北大山上，缺团长，相距又太远，电话线路也被敌特切断了。我只好派邓瑞林火速赶去接任团长，带领全团撤下来。

部队开始撤退了，不久，天已大亮，敌军的迂回部队和我们的阻击部队已经交火了。执行阻击任务的部队是第七师第十九团。战斗相当激烈，为掩护我军撤退，第十九团付出了巨大的牺牲。

我们第十九旅三个团遵照师部指示撤到前所镇，第七师的主力已从这里转移。估计敌人可能了解我军撤退的路线，会很快赶来攻击，我立即命令第四十六团龙团长、赵政委，将其部队布置在前所镇以西和以北的高地上，并构筑阻击工事。这时已是 11 月 16 日中午，第七师第十九团的战友们为保障我军主力部队的安全撤退而浴血奋战。

山海关

第二天拂晓前，敌军对我第四十六团阵地发起猛攻。战斗很激烈，第四十六团一直抵抗到天亮。这时，我才接到师部的命令：迅即从前所镇撤退。当时我很担心，怕第四十六团撤不下来。该团距前所镇十余里，没有架电话线路，我身旁又只有一个警卫班长，不得已只好叫他去送命令。他叫尚杰臣，二十多岁，忠实勇敢，很坚定地说："首长请放心，我一定送到。"他走后，只剩下我一个人，我就到第四十六团三营去，叫营长赵进发把部队重新调整一下，严防敌人的进攻。

我们第十九旅的部队，一批批地从前所镇撤离，指战员们的精神很好。第四十六团也从阵地撤回来了。这时，师部从绥中送来了黄色炸药，我们连夜炸毁铁路桥梁，切断铁路交通，不让敌人利用。我们按照师部的命令，安全转移到了指定地点，圆满地完成了保卫山海关的任务。

在这次战役中，我军毙伤敌千余人，俘虏百余人，缴获六〇炮数门，轻重机枪十余挺，步枪六十多支，自动步枪、冲锋枪、手枪等数十支，以及一批弹药和其他军用品。同时，击毙美军指挥官一人，俘虏美军五人，缴获其吉普车一辆。我军牺牲营长、连长和指导员各一人，伤亡总数约五百人。

山海关保卫战延迟了蒋介石进入东北的日程，他的速战计划破产，并遭重创。蒋介石哀叹："进展迟缓，锐气大挫，损失太大了。"

（本文选自《纵横》）

长征途中的“年夜饭”

文/纪　莹

1935年1月29日，土城战役失利后，红军分三路纵队第一次渡过赤水河，进入川南。此时，距离农历春节不到五天，但全军上下没有一点过节的气氛。为了执行北渡长江与红四方面军会合的计划，红军主力与国民党川军苦战数回，战果甚微。川军顽固抵抗，中央军又尾追而至……所以，非但没有过节的气氛，全军上下还笼罩在一片失败的氛围里。然而无论什么样的氛围，大年三十依然如期而至。

2月3日（大年三十）清晨，浓雾笼罩着川南一带。至晌午，大雾散去，和煦的阳光照耀着大地，熨帖的暖意让大家一扫连日的阴霾和低落的情绪。在冬日暖阳下，战士的精气神都自觉提升了不少。

部队行至叙永城外营盘山时，阳光恰好，而这营盘山上有一片橘林，又时值橘子成熟的季节，一派黄澄澄的丰收景象。走在前面的战士一看见顿时兴奋起来，喊道：“同志们，加油啊，到山上吃橘子去！”但立刻就被干部制止了，重申了群众纪律后，红军开始通过营盘山。山并不高，但却充满了诱惑。饱满的橘子一个挨着一个，压得树枝都快弯到地上了，那些成熟落在地面的几乎铺了满满一层，有些已经腐烂……穿行其间的红军战士实在太想剥一个来解解馋、解解渴，但大家都自觉被纪律约束着。有个小战士忍不住从地上捡了一个起来，立马遭到同志们的斥责。小战士无奈地掂了掂说：“嘿，不简单呐，肯定有六两多重。”说完，小战士把橘子放下了。

模范执行群众纪律的部队井然有序地前进着。这一幕被三军团四师政委黄克诚忠实地记录了下来：“漫山遍野尽是橘树，枝头挂满了熟透了的橘子，也不见有人采摘。”而随着三军团行动，后来任军团政治部主任的刘少奇更是给战士讲起典故：在南方，春节时家里会摆些橘树盆景，寓意“吉”……

守纪律的部队自然会赢得民心。守林的老大爷看到大队军人过来，先是有点害怕。可是观望了一会儿，他发现连地上的橘子他们都不轻易拿，心里明白

打土豪、分财物（漫画）

了几分。大部队过后，军委先遣队上来，守林大爷见到，便抬了一筐橘子非要送给他们，并告诉他们，这片橘林不是他的，他是穷人，只是受雇于地主守林子。

听他这么一说，红军进一步侦察得知，这片橘林属于当地一个被称为“张老爷”的大土豪，而此人是品行极差的劣绅……如此一来，这些橘子就成了“打土豪、分财物”的没收对象。红军找来木板，写上:“这橘子林是土豪的，现没收。各部队路过这里时，应有组织地在指定地点采摘。”橘林被划分成了若干块，并专门留出了一块给当地群众……

这份意外的收获可算是大年三十部队置办的最大一宗年货，而且也开了个好彩头。摘下来的橘子很快也送到了随后而来的中央纵队。

早上9时许，中央纵队从宿营地摩尼镇出发。离开遵义前，机关进行了精简，中央纵队本部只剩三百多人，带一个警卫营。然而，这些人里面有党和红军的首长、德高望重的老同志、中央机关的领导以及受伤后休养的高级将领。它是长征中领帅机关所在纵队，也是党和红军的领导核心。这支数百人的队伍级别高，而且有老有少，所以行进中前前后后拉了几里长。通常这个纵队出发早到达晚，再遇上天气不好，战况不利时，往往又会意外耽误……可这个年三十，中央纵队的行军非常顺利，经安吉亭、乐洼沟，走走停停七十多里，下午5时左右，先遣队的十余人就抵达了一个小山村。

村庄坐落在大山之凹，因为有块硕大的石头像箱子一样矗立在村头，故名石厢子。又因为东南与贵州赤水、生机两地毗邻，西与云南水潦紧接，又称“鸡鸣三省”之地。村里有汉、彝、苗民族七十户，四百余口，村子虽小，但有条件的人家也“新桃换旧符”准备着过年。先遣队到达后立刻着手调查、宣传……很快，在辞旧迎新之际这个偏僻的小山村真正从骨子里开始旧貌换新颜：走访最困难的群众，调查当地剥削压迫人民的土豪劣绅，四处墙上写上红军的口号、标语……

打土豪、分财物（版画）

在安顿和忙碌中，除夕的夜幕降临了。各个炊事班也开始忙着做“年夜饭”。红军在相对比较富庶的土城筹集了不少食物，到石厢子后又没收了当地民愤极大的彭姓、周姓两家土豪的粮食、财物和年货，这些东西先由穷苦乡亲分享，之后没收委员会再根据需求分配。而驻守在离石厢子十多里的前卫红一军团将吴桥镇团总吴联山家的肥猪杀了，选了部分精华送到了中央纵队。

“有米”自然好做炊，专门负责军委首长伙食的军委三科炊事班做出了一顿“丰盛”的“年夜饭”：油亮亮的腊肉、

肥瘦相间的红烧肉、水卤的大肠……做好后分送到各位领导人住处。住在肖有思家的毛主席比别人特殊一点——多一份辣子。而穷苦的群众则集中在坝子上吃了这顿“开心饭”。不过，军委的领导们心思都不在“年夜饭”上，匆匆吃完后，就集中到了没收委员会所在处——村民王连山家里开会。

会议的议题有三个：中央红军的行动方针、中央苏区的问题、中央政治局常委的分工。会议从傍晚开到第二天凌晨，当雄鸡啼鸣，东方发白时，疲劳不堪的领导人们也许没有意识到，他们以这种方式“达旦不眠，谓之守岁”。当然，“守岁”成果是显然的。当晚中革军委致电各部队：“我野战军为迅速脱离当前之敌并集结全力进行行动，特改定分水岭、水潦、水田寨、扎西为总的行动目标。”此电说明，中革军委已决定避开强敌，放弃入川与四方面军会合。此外，在这个大山深处、在这个辞旧迎新的时刻，还对遵义会议没有明确的组织问题进行了分工：由洛甫（张闻天）接替博古（秦邦宪）在党内负总责，由毛泽东、周恩来负责军事。第二天，也就是大年初一，装着公文、象征着权力的那副担子从博古处挑到了洛甫处一一完成了我党历史上一次具有特殊意义的领导权交接。

中央纵队在石厢子休整了一天，初二凌晨，又继续踏上了征途……

（本文选自《解放军报》）

革命大姐詹民生

文 / 符桂英

詹民生（1902—1982年），女，海南文昌尚民村人。1927年参加革命工作，1942年加入中国共产党，并担任头苑乡第九保党支部书记。1950年任乡人民政府委员，当选为海南区、广东省首届人民代表会议代表。1957年当选为中华全国妇女联合会第三届执委候补委员，后为正式委员。1982年病逝。

“革命大姐”是人们对詹民生的崇高评价和亲切称呼。在战火纷飞的年代里，她机智勇敢地掩护革命同志，灵活巧妙地传递情报，积极稳妥地筹粮筹款，接济部队……为解放海南岛、夺取民主革命的彻底胜利做出了贡献。

挑重担　奋不顾身

1939年2月20日，日军飞机轰炸文昌县城，把侵略魔爪伸到文昌。

当时，头苑、东阁、宝芳一带是文昌县抗日游击队的活动基地，部队经常在那里训练、休息。石水村的男女青壮年除了去南洋谋生的以外，都参加了抗日游击队，奔赴前线，村里仅剩下詹民生及几位孤寡老人。部队来了，詹民生为同志们安排住宿、做饭，不管来了多少人，詹民生都做到有来必接，接必周到。为妥善解决同志们的粮食问题，她一个人揽种了村中所有丢荒田地。她家里常常备有毛巾和木屐。有一次，同志们穿戴有困难，她慷慨捐送了不少衣服，还为驳壳班战士们缝制了数十条子弹袋。战士们感慨地说：“石水姐的家就是我们的家，有吃的有穿的，还有用的。我们要英勇杀敌来报答石水姐对革命的深厚情谊。”

平时，只要部队需要，詹民生都做到有求必应。有一次，部队在公坡一带作战，战士们空着肚子在阵地上跟敌人拼了一天。她知道后，便挨家挨户地发动群众，连夜带领乡亲们挑着十八担大米送给部队。当战士们端着热腾腾的白米饭时，感激地说：“真是雪中送炭呀！”吃了饭以后，战士们精力倍增，打胜了那场阻击战。

琼崖抗日独立总队坚持孤岛作战，解决武器装备是当务之急。当时，独立总队兵工厂设在琼山咸来、树德一带，设备十分简陋，交通又不方便，常常因原料缺乏而影响生产。为保证原料供应，詹民生常常组织妇女运输队，趁着黑夜，挑着担子越过敌人封锁线，往返六十多公里给兵工厂送粮、送铜、送铁。每走一趟，都累得汗流浃背，疲惫不堪。但为革命出了力，尽了责，她感到无限的满足和高兴，心里乐滋滋的。

1939 年 2 月，日本军队登陆侵占海南岛

詹民生不仅在后方不辞劳苦地接应部队，在硝烟弥漫的战场上，还是一位勇敢的战士，只要我方部队在东阁、宝芳一带作战，战场上便会出现她的身影。1941 年上半年，东阁墩头坡战斗打响了，一阵阵急速的枪声揪着她的心，她惦挂着阵地上的战士们，心如火焚地要奔向战场。邻居大妈紧紧拉住她说："你想去送死吗？战斗打得那么凶，你赤手空拳去干吗？""去抢救伤员，收拾武器。激战时不上战场，等到战斗结束了我还去干啥？"便不顾大家的劝阻，向战场跑去。她冒着弹雨，穿过硝烟，帮助部队把三十多位伤员背下来，后来又转送回石水村，并从敌人的尸体中拾回十来条枪支。当晚，她不顾一天的疲劳，给浴血奋战的战士们煮稀饭，找草药，整整熬了一个通宵。战士们感激得热泪盈眶，由衷地感谢这位一心为革命的大姐。

1943 年，宝芳乡大府的一次战斗结束后，詹民生和乡亲们来到激战过的阵地，寻找为国捐躯的壮士的尸体。她把对战士们的敬意深深地埋藏在心底里，战胜了妇女心理上的懦弱，抑制着自己感情的波涛，擦干烈士身上的血迹，整理好遗容，安葬好他们。然后把受伤的战士背回村，治疗、敷药、喂饭。经过她关怀备至的护理，伤病员很快恢复了健康，奔赴前线杀敌。

经过血与火的战斗洗礼，经受了革命的锻炼和考验，1942 年，詹民生光荣地加入中国共产党，并担任了头苑乡第九保党支部书记。从此，她在群众中的威信更高了，影响更大了。许多事情一经她周转，都能迎刃而解。过去，头苑乡各村的权力都由父兄控制与主宰，父兄有不可侵犯的尊严。詹民生以共产党员特有的革命气概和胆识，宣传群众，发动群众，得到广大群众的拥护和爱戴。她的表率作用已大大超过村中父兄的尊严。她不仅在村中公开接济革命同志，还发动了村里父兄林灼忠的孙女林爱英参加革命，并加入了共产党。大马回村也摆脱了父兄的控制，革命活动蓬勃开展，该村林鸿鹤姐弟俩加入了党组织，党的队伍日益扩大，核心作用日益加强。

战日军　大智大勇

日军侵琼后，詹民生的主要工作是接济同志和当交通员。她大智大勇斗日军，巧化险情，一次又一次地出色完成了接济部队，掩护同志，接送信件，救济伤员等任务。她穿着一双椰布做带子的木屐，把信件藏在带子的夹层中，遇到危险时，她就随机应变，或是挑起尿桶，扮成下地的村妇；或是马上接过别人的牛，成为牧牛的大嫂；或是卷起裤管跳下田去挖番薯、插秧、犁田……巧妙地躲过敌人，化险为夷。

有一次，詹民生送信件，走过村口不远，就碰上日军从对面走过来，跑是来不及了。危急中，她发现路旁有一个猪拱的坑，便计上心来，右脚一拐跌倒在坑里，她一边用手按着脚部，一边"哎哟，哎哟"地叫个不停。日军走过来看见她那尴尬相，信以为真，便瞒过去了。

日军"蚕食"时期，我党组织被迫转入地下秘密活动，敌人的气焰很嚣张，见物就抢，见人就杀，见屋就烧。一天，日军又下村洗劫，把抓到的两名群众拖到石水村施刑。詹民生来不及逃走，急中生智，把锅底灰往自己脸上一抹，散开头发，疯疯癫癫地跑到番薯地里挖番薯吃。日军发现番薯地里有人，便气势汹汹地冲到她身边，只见一个满脸乌黑的妇女，鼓囊囊的嘴巴里嚼着带土的生番薯，两只眼睛呆滞无神。有个日本兵将信将疑，把一个粽子递过去，她双手颤抖地接过来，粽皮不剥就狼吞虎咽地吃起来。日本兵将刺刀背过来挂在她脖子上拉来拉去地吓她，她也没当一回事，这时日军才相信她真是个疯子。这样，詹民生又巧妙地躲过了敌人的抓捕。

一个暴风骤雨的下午，一大队日军闯进詹民生家避雨。一幢上下九间的房子里全挤满了日军。抢劫成性的日军一进屋便进入房间翻箱倒柜抢东西，詹民生的一个钱袋被抢走了。天啊！这是为部队筹集的八十多块光洋，是战士们的生活费呀。"你烧，你抢，你杀，能行凶作恶到何时？今日我同你拼了，这钱决不让你白拿。"詹民生边骂边奋不顾身地扑过去。啪的一声，一个日本兵重重地在她脸上打了一巴掌。阶级仇、民族恨一齐迸发，她一手死死地抓住那日本兵的胸襟，一手狠狠地往日本兵脸上抓，用嘴使劲地咬住日本兵的手臂，恨不得一口把日本兵吞下去。仿佛她争夺的已不是一个钱袋，而是中华民族独立自主的权利；她拼搏的不是一个日本兵，而是张牙舞爪的日本军国主义；她所使出的已不是一个普通妇女的力气，而是中国人民的英雄气概。那个矮小的日本兵在体魄健壮的詹民生面前，如罪犯遇上了威严的法官，束手待毙。詹民生揪住那个日本兵，从一个门槛拖过另一个门槛，一连拖了九个门槛，那日本兵已神魂颠倒，有气无力，而那一大群日本兵正在房子里打牌、猜拳狂欢，对外间

日军占领海口得胜沙

惊心动魄的争斗却无人知道。这时雨渐渐停了，一个日本军官走出房间看到那个日本兵的狼狈相，不禁火冒三丈，对着那不争气的家伙踢了一脚，钱袋被踢飞出去，詹民生眼明手快，把它接过来，紧紧地抓住。“钱的，从哪来的？干什么用的？”日本军官斥问她。“是我家卖猪得的，要买米用的。”詹民生不慌不忙地回答。接着，“嘟”一声，日本兵吹响口哨，把队伍开走了。“呸！叫你下回来死无葬身之地！”詹民生愤愤地出了一口气。

1943 年的一天，我三区、乡及詹民生所在支部的同志共二十人准备在詹民生家开会。人员到齐，会议就要开始了，詹民生突然听到邻居三婆叫她：“嫂子呵，亲畅（先生）来了。”她急忙开门一看，日本兵已经来到她家门前的大树下。怎么办呢？房子里没有地洞，无法隐藏，冲出去，后果更不堪设想。危急之际，只见邻居上去献殷勤：“亲畅见礼！”邻居的假情假意提醒了詹民生，她立即镇定下来，从容不迫地从房中走出来，把门上了锁，满脸堆笑地走过去热情招呼日本兵：“哎哟，亲畅，你们辛苦了，先在大树下歇歇凉，阿嫂去摘椰子给你们解解渴。”她一边说一边操起竹竿向椰子林走去。

日军小队长见到詹民生落落大方，笑容可掬，而且奔走了大半天，确实也口渴难熬了，便身不由己地跟着向椰林走去。眼看鱼儿即要上钩，只见狡猾的汉奸翻译走过去对日军小队长叽里呱啦地说了一阵，日军小队长立即翻了脸，大喝一声：“站住！”

詹民生正举竿摘椰子，忽然听到日本军官的吼叫，便停下手，转过身来不慌不忙地说：“多摘几个，不要急！”小队长立即冲上前去，瞪着一对猫眼，恶狠狠地说：“喂，詹民生是你的丈夫。”听到这句风马牛不相及的话，詹民生踏实了，显然，日本兵、汉奸根本就不认识“詹民生”。她笑呵呵地说：“我的丈夫出南洋十年了，你们问他有什么事吗？”摘够了椰子，又大大方方地拿起大刀，把椰子劈开，一个个地送到日本兵的手中。日本兵看不出任何破绽，吃够喝足后，便扬长而去。

（本文选自海南史志网）

解放海南岛战役烈士陵园纪念碑

西路红军和我家的故事

文 / 赵智远

我出生在古浪县城。少年时代，爷爷、奶奶和爸爸常给我讲西路红军在古浪的故事，使我知道了西路红军血战古浪的重大历史事件，亲闻了西路红军和我家的一些故事。

1936年11月间，中国工农红军从景泰过黄河。11月11日，红九军抵达干柴洼，红军浴血奋战，突破了国民党马元海等部的重围，到达横梁山，又与敌人激战了一昼夜，于11月13日到达古浪。11月14日，红军从东升洼向古浪县城发起进攻，打了一天，马步芳的队伍和西宁民团被红军赶出古浪城。红军在古龙山、阳洼山、水关门及县城残破城墙边修筑工事，准备战斗。在后巷与我家相邻的刘锟家的大院里，也住了不少红军。那里住的可能是一个团的指挥部或者是一个军械机关。爷爷看见许多红军在骡马上驮运着子弹、手榴弹，进进出出。

11月底，古浪已是滴水成冰的日子，但大多数红军战士都只穿着单衣、草鞋。有些体弱病伤的红军被冻得实在不可忍耐，就跑到老百姓家里烤火取暖。有的拿出一点儿钱币，向老百姓换一条毛毡。他们在毛毡中间剪开一个圆孔，将头套出圆孔，把毛毡裹在身上，再用一截草绳往腰间一扎，就成了他们御寒的衣裳。有的红军战士向老百姓要破鞋穿，因为老百姓穿过的鞋虽然破烂但套在脚上用绳子绑紧了，毕竟要比他们的草鞋防寒保温。红军的食粮供给也根本没有什么保障。除少数战士携带一点备用粮外，吃粮全由后勤司务人员用银圆兑换，现买现吃。战斗紧张激烈时，炊事员就把小麦、青稞炒熟了，发给战士们乘战斗间隙充饥。

11月15日上午，有两名红军小战士来到我家。他俩满口的湘川土语，说了些什么，奶奶一点儿也听不懂，但爷爷很快懂得了他俩的意思，他俩是叫奶奶为红军烙锅盔（大饼）呢。正好那天家里有和好的发面，奶奶点火生着了炉灶，两个小时就在大锅里烙出了两个大锅盔，交给了小红军。那两个小红军一点儿也没有吃，就把两个锅盔拿到隔壁刘家院子里去了。过了一会儿那两个小红军又来了。他俩说，奶奶烙的锅盔首长很喜欢吃，还要奶奶多烙些给他们。说着还拿出面钱和工钱。奶奶不要，但那两个小红军说什么也不答应，爷爷只好收下了。奶奶从来没有见过这么好的军队，烙了两个锅盔，还要给工料钱。奶奶烙锅盔更加认真了，她在发面里特意揣上清油，用驴粪蛋子煨慢火，把锅盔皮儿烙得黄黄的，里面却又暄又白，

西路军行动路线图

吃起来香脆可口。在以后的两天里，她给红军共烙了十二三个大锅盔，一共用了二十多斤白面。后来一个小红军又拿来一点钱，交给了爷爷。11 月 17 日那天，马家队伍的骑兵，从北关打进了古浪县城，一直打到北街一带。爷爷看见隔壁刘家院里，红军进进出出，扛子弹箱的，运手榴弹的，一派紧张的局势。后来红军被迫退出城外，到太阳快落山的时候，红军又回师反攻县城，包围了北街一带的敌人，对敌人进行了分割包围，各个歼灭，就这样红军又把敌人赶到城北暖泉一带去了。

11 月 18 日，马家队伍从县城的南、西、北三个方向攻打古浪县城里的红军。一时间古浪城里城外，枪声阵阵，杀声不断，天上还有两三架飞机投下了几颗炸弹。红军依托残破的城墙阻击敌人的进攻，打退了敌人的数十次冲杀。凶恶的敌人，用小炮和机枪轰击、扫射古龙山和阳洼山上的红军，后来又派出马队，不断出击冲杀。最后，古龙山和阳洼山上的红军在敌众我寡、弹尽粮绝的情况下，几乎全部壮烈牺牲。敌人占领两山后，又凭借骑兵的实力，从北关、水关门冲进城里，与红军展开了激烈的巷战。敌人进进退退，他们用马刀劈，用机枪扫，杀害了许多红军伤员和手无寸铁的女战士，仅在金家院子里就杀害了红军一百多人。

这天下午 4 时左右，来了两个红军把爷爷叫走了。等到太阳快落山时，奶奶还不见爷爷回家。她就抱起我一岁多的姑姑，领着我四叔，锁上大门，到城外杨家磨我姑太爷家里去避战乱。娘儿三人路过公官场子（北街刘琨家院北的一块公共空地），看见场地上堆了百十具红军的遗体。那年只有五岁的四叔，怀里揣着半升炒面，他看见一个小红军从尸体堆里探出头来，望着他们。四叔说："妈，你看，死人下面那个红军娃在看我们哩。"奶奶望了一眼，说："快走！不要说话。"娘儿三个从北街出了城门，向东走到我姑太爷家里。那天晚上，娘儿三个住在了杨家大门外的一个小房里。半夜，她听见一个四川口音的红军在门口叫喊："大爷，大婶，给我一刀，给我一把剪子吧，让我快点走吧……"那声音极其凄惨。奶奶毕竟是个女人家，深更半夜，说什么也不敢开门。第二天早晨起来，她看见那个红军爬过的路上血迹斑斑，人不知道上哪儿去了。

那天下午，爷爷被两个红军叫到刘家临街的院子里，他看见已有二三十名老百姓聚集在这里。红军作了两大锅揪面片，给每人舀了两大搪瓷缸，叫他们吃饱了，帮助红军抬运伤员。晚饭后，红军开始从古浪城全面撤离。爷爷那年三十多岁，正是身强力壮的时候。他和铁匠辛五抬着一名伤员，跟随红军队伍前进。抬担架的人们跟随红军出了北关，走上中路，往前走了一段，红军在中路上点起三堆大火之后，又向南折返，从勤泰涌油坊（孟家油坊）的磨桥上过磨河，再过古浪河到了马家沿。过河时，身有残疾（驼背）的孙耀章摔倒了，红军看他不能抬担架，就让他回家去了。

红军从马家沿沿着长流渠直下三坝。这天夜里，前半夜天空还有一弯鹅毛月，残月西下后，红军人马就摸着夜路往前走。铁匠辛五是个矮个子，我爷爷个子高，这副担架也就前面低后面高。抬在担架前面的辛五，那天夜里栽了十几个跟头，总算把担架抬到了二坝河。这时，一个红军战士走上前来，摸了摸担架上的伤员，对另一个红军说："团长牺牲了。"他们叫爷爷和辛五放下担架，用一条军毯把那个团长的遗体裹起来，在干河滩上，费了好大的劲挖出了一个浅浅的坑，把那团长草草掩埋了。伤员死了就空出了一副担架，红军看看疲惫不堪的辛五，也就让他回家去了。爷爷又和孔宗文共抬一副担架，他们两个大个子抬了一个伤员继续跟随红军队伍往前走，他们一直走到了泗水堡以北好远的地方。经过了将近一夜的行军赶路，爷爷的腿已经肿了起来，路也走不稳了。过一条沟坎时，爷爷脚一崴，一个趔趄摔倒了——他的一个脚腕扭伤了。一个年轻的红军战士大声吆喝："天快亮了，赶快站起来走！"另一个红军走过来，用马灯照着爷爷的脚腕看了看说："让他回去吧。"

红军大队人马向武威方向开去了。天亮了，爷爷找了一截木棒，拄着它回头走到了泗水堡，找到他相识的张立刚的家里，用土办法医治了三天，到第四天他的脚踝消肿之后，他才慢慢地走回了古浪县城。

第二年春天的一个上午，曾让奶奶烙过锅盔的一个小红军，穿着一件破棉袄，风尘仆仆地走进了我家。他告诉爷爷，他们的队伍在张掖就被打散了，他要到东面去找自己人。奶奶做好饭让他吃饱了，又给装了五六个馍馍和几个洋芋，那个小红军就匆匆上路了。

西路军浴血奋战古浪，红九军的一半指战员，为了革命事业将自己的鲜血洒在了古浪这片土地上，古浪人民不会忘记，共和国不会忘记。

（本文选自新华网）